DSM-5®
SELECTIONS

DSM-5 우울장애

DSM-5® DEPRESSIVE DISORDERS

APA 집필 / 강진령 역

AMERICAN PSYCHIATRIC ASSOCIATION

학지사

Depressive Disorders, DSM-5® Selections, first edition
by American Psychiatric Association

역자 서문

미국정신의학회(American Psychiatric Association)는 2013년 DSM-5를 출간한 이래, 정신건강 전문가들의 정신장애 이해와 임상적 진료를 돕기 위해 관련 서적을 출간해 왔다. 그중에서도, 'DSM-5 Selections'는 DSM-5에 수록되어 있는 주요 정신장애를 선별하여 다른 포맷으로 구성·제작한 정신장애 시리즈다. 이 시리즈는 DSM-5의 제II편에 수록되어 있는 정신장애들 중 6개 진단군을 선별하여 총 6권으로 되어 있다. 각 권의 주제는 신경발달장애(1), 조현병 스펙트럼 및 기타 정신병적 장애(2), 우울장애(4), 불안장애(5), 급식 및 섭식 장애(10), 수면-각성 장애(12)[주. 소괄호 안의 숫자는 본문에 배열된 순서임]다.

'DSM-5 Selections'의 각 권은 특정 장애군에 대한 ① DSM-5 텍스트의 진단기준, ② DSM-5 가이드북, ③ DSM-5 임상사례집, ④ DSM-5 확인문제, ⑤ DSM-5 확인문제 정답 및 해설로 구성되어 있다. 먼저, DSM-5 가이드북은 DSM-5의 텍스트 내용을 보다 쉽게 설명해 놓았다. 독자들은 새로운 각도에서 DSM-5를 조망할 수 있을 것이다. 또한 평가문제 풀이를 통해 해당 정신장애에 관한 학습 정도를 확인해 볼 수 있을 것이다. 특히, 평가문제에 대한 정답 및 해설집은 보다 포괄적인 관점에서 독자들의 특정 장애에 대한 학습의 완성도를 극대화시킬 수 있을 것이다.

이 땅에 긍정심리학이 전해지면서 정신의학과 심리학이 인간의 어두운 단면만을 조명한다는 비판의 소리도 있었다. 그렇지만 현대 사회의 이면에는 여전히 명시적·암묵적으로 정신적인 문제로 고통을 겪는 사람들이 많은 것이 현실이다.

그러기에 오늘날처럼 정교하게 다듬어진 편람인 DSM-5가 요구되는 시대도 없을 것이다. '만남은 우연처럼 주어지는 선물'이라는 말이 있다. 역자뿐 아니라 독자들도 우연처럼 주어진 'DSM-5 Selections'와의 만남을 통해 정신장애에 대한 이해의 깊이를 더할 수 있기를 바란다.

끝으로, 'DSM-5 Selections' 번역을 위해 역자를 믿고 손을 내밀어 주신 김진환 사장께 깊이 감사드린다. 또한 인생의 중대사를 치르면서도, 깔끔하고 명쾌한 소통으로 멋진 역서가 나올 수 있도록 챙겨 준 편집부의 이상경 대리께 감사의 마음을 전한다. 바라건대, 이 책이 다양한 정신장애의 이해와 통찰로 통하는 왕도(王道)가 되었으면 한다. 이 책을 통해 정신건강 전문가들의 정신장애 이해와 진단 역량을 극대화하는 한편, 정신장애로 고통을 겪고 있는 사람들을 능숙하게 돕는 데 일조하기를 바라면서 이 글을 맺는다.

2017년 2월

역자

DSM-5® Selections 서문

DSM-5 Selections 방문을 환영한다. 이 시리즈의 목적은 DSM-5 장애 범주와 연관된 중요한 진단적 쟁점에 관하여 독자들을 교육하는 것이다. DSM-5 Selections 시리즈에서 먼저 출간된 서적으로는 ① 수면-각성장애, ② 우울장애, ③ 조현병 스펙트럼 및 기타 정신병적 장애, ④ 급식 및 섭식 장애, ⑤ 신경발달장애, 그리고 ⑥ 불안장애가 있다. 시리즈의 각 권에는 각각의 진단범주에 해당되는 장애의 진단기준이 제시되어 있다. 이 진단범주는 오늘날 임상적 실천을 위해 활용 가능한 가장 종합적이고 중요한 자원인 DSM-5에서 직접 발췌한 것들이다. 또한 이 시리즈의 각 서적에는 DSM-5 가이드북, DSM-5 임상사례집, 그리고 DSM-5 확인 문제집에서 발췌된 내용들이 수록되어 있다. 결과적으로, 이 시리즈의 각 권에서는 독자들에게 DSM-5 장애의 각 범주에 대해 독특하게 소개하고 있고 DSM-5 장애들에 관한 각자의 지식을 확인해 볼 수 있는 기회를 제공하고 있다.

DSM-5 가이드북 Guidebook은 임상가와 연구자들에게는 DSM-5 장애에 대한 로드맵 역할을 한다. 이 부분은 DSM-5의 내용을 명확하고 이해하기 쉽게 제시함으로써 정신건강 전문가들에게 개정된 진단기준의 사용방법을 알려 주는 한편, 임상적 활용을 위한 실질적인 내용을 제공하고 있다. 이 책은 DSM-IV-TR과 비교할 때, 진단범주의 임상적 적용에 매우 심각하게 영향을 줄 수 있는 DSM-5에서 개정된 내용에 초점을 맞춤으로써 DSM 진단범주에 대한 신선한 조망을 제공하고 있다.

DSM-5 임상사례집 Clinical Cases에는 특정 범주에 속하는 장애 진단기준의 전형적인 예가 될 수 있는 다양한 환자에 대한 사례들이 제시되어 있다. **DSM-5 임상 사례집**은 교사, 학생, 그리고 임상가들을 위해 DSM-5를 살아 움직이게 하고 있다. 이 책은 증상, 심각도, 동반이환, 발병 연령을 포함한 진단 개념, 여러 장애에 포괄적으로 적용되는 범주, 그리고 성별과 문화적 차이에 따른 시사점에 대해 독자들의 이해를 돕는다.

DSM-5 확인문제의 문항들은 DSM-5에서 변화된 개념, 진단에 대한 특정 변화, 그리고 진단기준에 대한 독자들의 지식을 확인해 보기 위해 집필되었다. 각 문항에는 정답의 근거에 대한 설명과 진단분류, 진단범주 세트, 진단명, 부호, 심각도, 문화, 연령, 그리고 성별에 관한 중요한 정보가 담겨 있는 짤막한 해설이 포함되어 있다. 문항들은 다양한 시험 준비에 도움이 될 것이다.

DSM-5 Selections 시리즈는 DSM-5 또는 내용의 일부를 발췌한 다른 서적들을 대체하기 위해 출간된 것이 아니다. 다만, 이 시리즈는 독자들에게 특정 장애의 범주와 직접적으로 관련 있는 핵심 자료들을 선사하기 위한 것이다. 만일 특정 장애나 장애 범주에 관해 더 많은 정보가 필요하다면, APP 교재나 임상 편람을 참조해 볼 것을 권한다. APP 출판물 전체 목록은 www. appi.org에서 확인할 수 있다.

Robert E. Hales, M.D.

편집장

차 례

역자 서문 3

DSM-5® Selections 서문 5

머리말 8

DSM-5® 우울장애: ICD-9-CM 및 ICD-10-CM 부호 12

01 정신질환의 진단 및 통계 편람, 제5판 15

02 DSM-5® 가이드북 69

03 DSM-5® 임상사례집 97

04 DSM-5® 확인문제 153

05 DSM-5® 확인문제 정답 169

찾아보기 194

머리말

우울장애는 가장 흔히 발생하는 정신병적 장애 범주들 중 하나다. 우울장애에 대해 구체적으로 살펴보면, 주요우울장애는 평생 유병률이 16%, 1개월 유병률은 약 6% 정도다. DSM-5에는 8개의 서로 다른 장애가 수록되어 있는데, 각 장애는 고유의 진단기준을 갖추고 있다. 주요우울장애는 단일 삽화로 시작되지만, 환자의 50%는 첫해 이내에 재발되고, 85% 이상의 환자들은 평생 동안 재발될 것이다. 주요우울장애는 보통 약 6개월간 지속되는데, 삽화의 20%가 만성이 된다. 우울장애는 여성의 유병률이 더 높다. 게다가 자살시도 비율 역시 여성이 높지만, 자살완수 위험성은 여성이 더 낮다.

자살행동의 가능성은 우울장애가 있는 환자들에게 있어서 반드시 탐색되어야 한다. 가장 흔히 언급되는 요인들 중 하나는 자살시도의 과거력이다. 그렇지만 자살완수의 대부분이 자살시도가 선행되는 것은 아니다. 따라서 우울장애 환자들에 대한 철저한 평가를 통해 자살 사고 또는 행동을 배제하는 일은 임상가들에게 매우 중요하다.

우울장애와 연관된 의학적 질병은 암, 뇌졸중, 심근경색, 임신 등 여러 가지가

출처: McInnis MG, Riba M, Greden JF: "Depressive Disorder," in *The American Psychiatric Publishing Textbook of Psychiatry*, 6th Edition. Edited by Hales RE, Yudofsky SC, Roberts LW. Washington, DC, American Psychiatric Publishing, 2014, pp. 353-389.

있다. 우울장애들 중에는 아동기에 발생하는 것이 있는가 하면(파괴적 기분조절부전장애), 여성의 월경주기와 연관된 것이 있다(월경전불쾌감장애). 그런가 하면 물질 또는 약물치료로 유발되거나 다른 의학적 상태로 인한 우울장애의 유형들도 있다.

끝으로, 주요우울장애처럼 급성이면서 심각한 우울 삽화를 동반하는 우울장애가 있는가 하면, 적어도 2년간의 우울 기분이 특징인 만성이면서 덜 심각한 장애들도 있다. 이러한 상태들의 이질성으로 인해, 각 우울장애가 다양한 심각도의 우울 증상들과 연관이 있다는 사실을 제외하고는 폭넓은 결론을 내리는 것은 어렵다.

DSM-5의 우울장애 진단기준에 있어서 수정된 내용은 아래에 정리되어 있다. 그렇다고 DSM-5에서 수정된 내용을 모두 제시해 놓은 것은 아니다. 본문에서의 사소한 수정 또는 명확성을 높이기 위해 문구를 일부 수정한 것은 제시되어 있지 않다. DSM-5의 제I편에는 DSM-5의 장chapter 구조, 다축체계, 그리고 차원적 평가 소개에 관한 수정 내용에 대해 상세히 기술되어 있다.

DSM-IV-TR에서 DSM-5로의 주요 변화사항

DSM-5에는 파괴적 기분조절부전장애와 월경전불쾌감장애를 비롯해서 몇 가지 새로운 우울장애가 수록되어 있다. 아동들에 대한 잠재적인 과잉 진단 및 치료에 대한 염려 때문에 새롭게 마련된 파괴적 기분조절부전장애는 지속적인 과민성과 극도의 행동 통제곤란dyscontrol의 잦은 삽화를 나타내는 18세까지의 아이들을 대상으로 진단된다. 강력한 과학적 증거를 기초로, 월경전불쾌감장애는 DSM-IV의 부록 B의 “추가 연구를 위해 제공되는 진단범주 세트와 축”으로부터 DSM-5의 본문으로 옮겨졌다. 끝으로, DSM-5에서는 만성 형태의 우울증을 다소 수정된 방식으로 개념화하고 있다. DSM-IV에서는 기분부전장애dysthymia로 불렀으나, DSM-5에는 만성 주요우울장애와 종전의 기분부전장애를 포함하는 지속성 우울장애의 범주에 속해 있다. 이 2가지 상태 사이에 과학적으로 뚜렷한 차이점을 발견할 수 없었다. 따라서 이 장애들을 명시자와 함께 결합시킴으로써, 진단 경로가 다르다는 사실을 명시하는 한편, DSM-IV와의 연속성을 제공하도록 했다.

주요우울장애

주요우울 삽화 진단에 적용되던 핵심적인 진단기준 증상들은 물론, 적어도 2주의 기간에 대한 필수요건은 DSM-IV로부터 변동 사항이 없다. DSM-5의 주요우울 삽화 진단기준 A, 즉 사회적, 직업적, 또는 기타 중요한 생활 영역에서 임상적으로 심각한 고통 또는 손상에 대한 필수요건은 DSM-IV의 것과 동일하다. 그렇지만 이 기준은 이젠 진단기준 C가 아닌 진단기준 B에 수록되어 있다. 최소한 3가지 조증 증상(조증 삽화의 진단기준을 충족시키기에 불충분함)이 주요우울 삽화 내에 공존하던 것은 이젠 혼재성 양상 동반 명시자로 구분된다. 주요우울장애 삽화에서 혼재성 양상의 발현은 이 장애가 양극성 스펙트럼 내에 속할 가능성을 증가시킨다. 그러나 만일 환자가 조증 또는 경조증 삽화를 충족시키는 증상을 나타낸 적이 없다면, 주요우울장애 진단은 유지된다.

사별 배제

DSM-IV에는 사랑하는 이의 사망 이후 2개월 미만 지속되는 우울 증상에 적용되었던 주요우울 삽화의 배제 진단기준이 있었다(예, 사별 배제[bereavement exclusion]). 이 배제에 대한 조항은 DSM-5에서는 몇 가지 이유로 생략되었다. 첫째, 사별은 전형적으로 2개월간만 지속된다고 시사하는 내용을 삭제하기 위해서다. 전문의들과 애도 상담자들은 이 기간이 흔히 1～2년 걸린다고 보기 때문이었다. 둘째, 사별은 유약한 사람에게는 주요우울 삽화를 촉진할 수 있는(일반적으로 상실 직후에 발병됨) 심각한 심리사회적 스트레스 요인으로 작용한다는 것이다. 주요우울장애가 사별 상황에서 발생하는 경우, 고통, 무가치감, 자살사고, 신체건강 약화, 그리고 대인 간 및 직장에서의 기능 악화에 대한 추가적인 위험이 더해진다. 게다가 현재 DSM-5 제III편의 "추가연구가 필요한 진단적 상태" 내에 명확한 진단범주와 함께 기술되어 있는 지속성 복합 사별장애persistent complex bereavement disorder로 이어질 가능성이 높아진다. 셋째, 사별관련 주요우울증은 주요우울 삽화의 개인력 및 가족력이 있는 사람들에게서 발생할 가능성이 매우 높다. 이는 비사별 관련 주요우울 삽화와 마찬가지로, 유전적으로 영향을 받게 되고 유사한 성격 특성, 동반이환 패턴, 그리고 만성성 및/또는 재발 위험성과 연관이 있다. 끝으로, 사별관련 우울증과 연관이 있는 우울 증상들은 비사별관련 우울증처럼 동일한 심리사회적 및 치료약물에 의해 발생한다. DSM-IV의 주요우울장애의 진단범주에서 보다 단순하게 기술되어 누락되었던 부분들은 상세한 각주로 대체함으로써 임상가들이 사별의 특징 증상과 주요우울 삽화의 증상들을 명확히 구분할 수 있도록 했다. 따라서 사랑하는 이의 상실을 겪는 사람들 대부분은 주요우울 삽화를 발달시키지 않고 사별을 경험하지만, 주요우울 삽화가 촉발될 가능성 또는 증상이 저절로 관해될 상대적인 가능성을 고려할 때, 사랑하는 이의 상실과 다른 스트레스 요인들을 분리할 수 있다는 주장을 뒷받침하는 증거는 없다.

우울장애 명시자

자살 경향성은 정신의학의 주요 관심사에 속한다. 따라서 임상가들에게는 주어진 개인에 대한 치료계획에 있어서 자살 방지의 중요성을 결정하기 위해 자살 사고 또는 계획 및 다른 위험요인들의 발현에 대한 평가를 위한 안내가 제공된다. 혼재성 증상 발현을 가리키는 새로운 명시자가 양극성장애와 우울장애에 추가됨으로써, 단극성 우울장애로 진단된 사람들에게 있어서의 조증 양상의 가능성을 나타낼 수 있게 되었다. 지난 20여 년간에 걸쳐 실시된 상당한 분량의 연구들은 예후와 치료 결정과 관련된 것으로, 불안의 중요성을 지적하고 있다. 불안증 동반with anxious distress 명시자는 임상가들에게 양극성 또는 우울장애가 있는 모든 사람에게 있어서 불안증anxious distress의 심각도를 평가할 수 있는 기회를 제공한다.

DSM-5® 우울장애: ICD-9-CM 및 ICD-10-CM 부호

장애	ICD-9-CM	ICD-10-CM
파괴적 기분조절부전장애	296.99	F34.8
주요우울장애	다음 페이지 표 참조	
지속성 우울장애(기분저하증)	300.4	F34.1
월경전불쾌감장애	625.4	N94.3
물질/약물치료로 유발된 우울장애	다음 페이지 표 참조	
다른 상태로 인한 우울장애	293.83	
우울 양상 동반		F06.31
주요우울 유사 삽화 동반		F06.32
혼재성 양상 동반		F06.34
달리 명시된 우울장애	311	F32.8
명시되지 않는 우울장애	311	F32.9

주요우울장애

심각도/경과 명시자	단일 삽화	재발성 삽화*
경도([DSM-5] p. 197)	296.21 (F32.0)	296.21 (F33.0)
중등도([DSM-5] p. 197)	296.22 (F32.1)	296.32 (F33.1)
고도([DSM-5] p. 197)	296.23 (F32.2)	296.33 (F33.2)
정신병적 양상 동반**([DSM-5] p. 195)	206.24 (F32.3)	296.34 (F33.3)
부분관해([DSM-5] p. 196)	296.25 (F32.4)	296.35 (F33.41)
완전관해([DSM-5] p. 196)	296.26 (F32.5)	296.36 (F33.42)
명시되지 않는	296.20 (F32.9)	296.30 (F33.9)

*삽화가 재발성으로 간주되려면, 주요우울 삽화의 진단범주에 충족되지 않는 분리된 삽화들 사이에 적어도 2개월간 지속되는 간격이 있어야 한다. 명시자의 정의는 지정된 페이지에 명시되어 있다.

**만일 정신병적 양상이 발현된다면, 삽화의 심각도와 상관없이 "정신병적 양상 동반" 명시자의 부호를 기입한다.

물질/약물치료로 유발된 우울장애				
		ICD-10-CM		
	ICD-9-CM	사용장애 경도	사용장애 중등도 또는 고도	사용장애 없음
알코올	291.89	F10.14	F10.24	F10.94
펜시클리딘	292.84	F16.14	F16.24	F16.94
기타 환각제	292.84	F16.14	F16.24	F16.94
흡입제	292.84	F18.14	F18.24	F18.94
아편계	292.84	F11.14	F11.24	F11.94
진정제, 수면제 또는 항불안제	292.84	F13.14	F13.24	F13.94
암페타민(또는 기타 자극제)	292.84	F15.14	F15.24	F15.94
코카인	292.84	F14.14	F14.24	F14.94
기타(또는 미상의) 물질	292.84	F19.14	F19.24	F19.94

01

우울장애

정신질환의 진단 및 통계 편람, 제5판

우울장애depressive disorders는 ① 기분조절부전장애, ② 주요우울장애(주요우울 삽화 포함), ③ 지속성 우울장애(기분저하증), ④ 월경전불쾌감장애, ⑤ 물질/약물치료로 유발된 우울장애, ⑥ 다른 의학적 상태로 인한 우울장애, ⑦ 달리 명시된 우울장애, ⑧ 명시되지 않는 우울장애를 포함한다. DSM-IV에서와는 달리, 이 장의 "우울장애"는 앞 장의 "양극성 및 관련 장애"에서 분리되었다. 이 모든 질환의 공통 양상은 슬프고, 공허 또는 과민한 기분이 있고, 개인의 기능수행 능력에 영향을 주는 신체적 · 인지적 변화가 동반되는 것이다. 이들의 차이점은 기간, 시점, 또는 추정되는 원인이다.

아동들에 대한 양극성장애로의 과잉 진단 및 치료의 잠재적인 우려로 인해, 12세 이상의 아동의 지속적인 과민한 기분과 극단적인 행동 통제곤란을 의미하는 파괴적 기분조절부전장애 진단이 우울장애에 새롭게 추가되었다. 이 장에 이 진단이 포함된 것은 이런 증상을 보이는 아동은 사춘기를 지나 성인이 되면서 보통 양극성장애보다는 우울장애 또는 불안장애를 발달시킨다는 연구결과가 반영된 것이다.

주요우울장애major depressive disorder는 이 장애군을 대표하는 전형적인 질환이다. 주요우울장애는(비록 대부분의 삽화가 더 오랜 기간 동안 지속되지만) 최소 2주간 지속되는 정동, 인지, 생장 기능의 명백한 변화를 수반하는 삽화 및 삽화 사이 관해 상태의 특징이 있다. 단일 삽화에 기반한 진단이 가능하지만, 이 장애는 재발한 경우가 대부분이다. 정상적인 슬픔과 사별로 인한 비탄을 주요우울 삽화와 구분하여 기술하는 경우에는 주의가 요망된다. 사별은 심한 고통을 유발할 수 있으나, 보통 주요우울장애 삽화를 유발하지는 않는다. 2가지가 함께 발생한 경우는 주요우울장애를 동반하지 않은 사별에 비해 우울 증상 및 기능 손상이 더욱 심한 경향을 보이고, 예후는 더욱 나쁘다. 사별과 관련된 우울증은 우울장애의 취약성이 있는 사람들에게서 발생하는 경향이 있고, 항우울제 치료를 통해 회복이 촉진될 수 있다.

우울증의 만성 형태인 지속성 우울장애(기분저하증dysthymia)는 기분장해가 성인의 경우 최소 2년, 아동의 경우 최소 1년간 지속되는 경우에 진단될 수 있다. DSM-5에 포함된 이 새로운 진단은 DSM-IV의 만성 주요우울장애와 기분부전장애의 범주를 포함한다.

월경전불쾌감장애premenstrual dysphoric disorder는 그동안의 연구결과를 면밀히 검토한 결과 DSM-IV의 부록("앞으로의 연구를 위해 제안된 진단기준과 축")에서 DSM-5의 제II편으로 옮겨졌다. 20여 년간 연구가 지속되면서 이 장애는 우울장애의 한 형태로, 배란기에 시작해서 월경기간의 수일 사이에 관해되고, 개인의 기능에 상당한 영향을 미칠 수 있는 특정 질환임을 알게 되었다.

다수의 남용물질, 치료약물의 일부, 그리고 몇 가지 의학적 상태는 우울증 유사 증상과 관련이 있을 수 있다. 이러한 경우에 대해 물질/약물치료로 유발된 우울장애, 다른 의학적 상태로 인한 우울장애의 진단을 내릴 수 있다.

파괴적 기분조절부전장애
Disruptive Mood Dysregulation Disorder

진단기준 **296.99 (F34.8)**

A. 고도의 재발성 분노발작temper outbursts이 언어적(예, 폭언) 또는 행동적(예, 사람이나 사물에 대한 물리적 공격성)으로 나타나며, 상황이나 도발 자극에 비해 그 강도나 지속시간이 극도로 비정상적이다.
B. 분노발작이 발달 수준에 부합하지 않는다.
C. 분노발작이 평균적으로 일주일에 3회 이상 발생한다.
D. 분노발작 사이의 기분이 지속적으로 과민하거나 거의 매일, 하루 중 대부분의 시간 동안

화가 나 있으며, 이것이 객관적으로 관찰될 수 있다(예, 부모, 교사, 또래집단).

E. 진단기준 A~D가 12개월 이상 지속되며, 진단기준 A~D에 해당하는 모든 증상이 없는 기간이 연속 3개월 이상 되지 않는다.

F. 진단기준 A와 D가 3가지 환경(예, 가정, 학교, 또래집단) 중 최소 두 군데 이상에서 나타나며, 최소 한 군데에서는 고도의 증상을 보인다.

G. 이 진단은 6세 이전 또는 18세 이후에 처음으로 진단될 수 없다.

H. 과거력 또는 객관적인 관찰에 의하면, 진단기준 A~E의 발생이 10세 이전이다.

I. 진단기준 A를 만족하는 기간을 제외하고 양극성장애의 조증 또는 경조증 삽화의 모든 진단기준을 만족하는 뚜렷한 기간이 1일 이상 있지 않아야 한다.

주의점: 매우 긍정적인 사건 또는 이에 대한 기대로 인해 전후 맥락에 맞게, 발달적으로 적절한 기분의 고조는 조증 또는 경조증의 증상으로 고려되지 않아야 한다.

J. 이러한 행동이 주요우울 삽화 중에만 나타나서는 안 되며, 다른 정신질환(예, 자폐스펙트럼장애, 외상후 스트레스장애, 분리불안장애, 지속성 우울장애[기분저하증])으로 더 잘 설명되지 않는다.

주의점: 이 진단은 적대적 반항장애, 간헐적 폭발장애 또는 양극성장애와 동반이환할 수 없으나, 주요우울장애, 주의력결핍 과잉행동장애, 품행장애, 물질사용장애와는 동반이환할 수 있다. 파괴적 기분조절부전장애와 적대적 반항장애의 진단기준을 모두 만족시키는 증상을 가진 경우, 파괴적 기분조절부전장애만 진단을 내려야 한다. 만일 조증 또는 경조증 삽화를 경험했다면, 파괴적 기분조절부전장애의 진단을 내려서는 안 된다.

K. 증상이 물질의 생리적 영향이나 다른 의학적 또는 신경학적 상태로 인한 것이 아니다.

진단적 특징

파괴적 기분조절부전장애의 주요 특징은 만성적인 고도의 지속적 과민성irritability이다. 이러한 고도의 과민한 기분은 2가지 두드러진 임상적 징후를 보이는데, 첫째는 빈번한 분노발작temper outbursts이다. 이는 전형적으로 좌절에 대한 반응으로 나타나고, 언어적 또는 행동적일 수 있다(후자의 경우 사물, 자신, 타인에 대한 공격성의 형태로 나타난다). 이 증상들은 반드시 빈번히(예, 평균적으로 일주일에 3회 이상) 발생해야 하고(진단기준 C), 가정과 학교 등 2가지 이상의 환경에서 최소한 1년 이상 발생해야 하며(진단기준 E, F), 발달적으로 부적절해야 한다(진단기준 B). 고도의 과민한 기분의 두 번째 징후는 분노발작 사이에 만성적이고 지속적으로 과민한 또는 화가 난 기분의 발현이다. 과민하거나 화가 난 기분이 이 장애가 있는 아동들에게서 특징적으로 거의 매일, 하루의 대부분 시간 동안 나타나야 하고, 객관적으로 관찰할 수 있어야 한다(진단기준 D).

파괴적 기분조절부전장애의 임상적 양상은 특히 아동의 양극성장애 같은 여러 질환의 양상과 주의 깊게 구별되어야 한다. 실제로, 파괴적 기분조절부전장애는 전형적인(예, 삽화성의) 양극성장애에 비해 만성 · 지속적 과민성을 보이는 아동들에 대한 적절한 진단적 분류 및 치료를 위해 DSM-5에 추가되었다.

일부 연구자는 고도의 비삽화성 과민한 기분을 아동 양극성장애의 특징으로 간주한다. 그렇지만 DSM-IV와 DSM-5에서는 아동과 성인 제I형 양극성장애 진단에 부합되려면 뚜렷한 조증 또는 경조증 삽화가 필수로 요구된다. 20세기 후반에는 고도의 비삽화성 과민한 기분이 아동기 조증의 징후라는 연구자들의 주장에 따라, 임상에서 아동들에 대한 양극성장애 진단이 급증했다. 이러한 급격한 증가가 임상가가 최소 2가지 임상적 양상을 한 가지 범주로 통합하는 데 기여했을 것으로 보인다. 즉, 전형적인 삽화성 조증 양상과 비삽화성 고도의 과민한 기분 양상 둘 다 아동들에게 있어서는 양극성장애로 분류되어 왔다. DSM-5에서 양극성장애라는 진단명은 분명한 삽화성 양극성장애 증상 양상을 위해 남겨 두었다. DSM-IV에서는 고도의 비삽화성 과민한 기분이 있는 아동들을 위한 진단이 포함되지 않았다. 그러나, DSM-5에서는 파괴적 기분조절부전장애가 포함됨으로써, 그러한 병태에 대한 분리된 진단범주를 제공하게 되었다.

유병률

파괴적 기분조절부전장애는 소아정신과 환자들 사이에서 흔한 질환이다. 지역사회에서 이 질환의 유병률은 명확하지 않다. 이 질환의 핵심 특징인 만성 · 지속적 고도의 과민성 비율에 근거했을 때, 아동에서 6개월~1년간 파괴적 기분조절부전장애의 유병률은 아마도 2~5%로 떨어질 것이다. 그러나 이러한 비율은 여성과 사춘기에 비해 남성과 학령기 아동들에게서 더 높을 것으로 예상된다.

발달과 경과

파괴적 기분조절부전장애의 발병은 10세 이전이어야 하며, 이 진단은 발달연령이 6세 미만인 아이에게 적용되어서는 안 된다. 이 장애가 이 연령에 한정되어 발생하는지는 알 수 없다. 파괴적 기분조절부전장애의 증상은 아동이 성장하면서 가변적인 것으로 생각되므로, 이 진단은 타당성이 입증된 연령대(7~8세)와 유사한 연령집단에만 한정된다. 만성적인 고도의 과민성 증상이 있는 아동의 약 50%가 1년 뒤에도 해당 질환의 진단기준을 지속적으로 만족시킬 것이다. 심한 비삽화성 과민성이 양극성장애로 전환되는 비율은 매우 낮다. 대신, 만성 과민성 증상이 있는 아동은 성인기에 단극성 우울장애 및 불안장애로 이어질 위험성이 높다.

연령에 따른 다양성도 전형적인 양극성장애와 파괴적 기분조절부전장애를 구분하는 기준이 된다. 양극성장애의 비율은 사춘기 이전에는 일반적으로 매우 낮지만(<1%), 성인기 초기가 되면서 점차 증가한다(1~2%). 파괴적 기분조절부전장애는 사춘기 이전에는 양극성장애보다 더 흔하다. 아동기에서 성인기로 옮겨가게 되면서 이 장애의 증상은 일반적으로 점차 덜해지게 된다.

위험 및 예후 요인

기질적. 만성 과민성 증상이 있는 아동들은 전형적으로 복잡한 정신과적 병력을 보인다. 이러한 아동들의 경우, 이 증후군의 진단기준을 완전히 충족하기 전에 이미 상대적으로 광범위한 영역에서 만성 과민성의 과거력이 흔하고 전형적으로 발현된다. 이러한 진단 전 증상 발현은 적대적 반항장애의 진단기준에도 충족될 수 있다. 파괴적 기분조절부전장애가 있는 아동은 주의력결핍 과잉행동장애와 불안장애의 진단기준을 충족시키는 증상도 보일 수 있고, 흔히 상대적으로 이른 나이부터 진단되기도 한다. 일부 아동의 경우, 주요우울장애 진단기준에도 부합되기도 한다.

유전적 · 생리적. 가족력과 유전적 측면에서 볼 때, 만성적 비삽화성 과민성이 있는 아동들은 양극성장애가 있는 아동들과 가족력 관련 위험성에서 차이가 있다. 그러나 이 두 집단은 불안장애, 단극성 우울장애, 물질남용으로 진단받은 친족 비율을 비교하였을 때에는 차이가 없다. 아동 양극성장애 또는 다른 정신질환과 파괴적 기분조절부전장애를 비교했을 때, 정보처리 능력의 결핍에서 공통점과 차이점이 있다. 예를 들어, 표정 인지의 결핍은 의사결정 및 인지조절 혼란 같이 양극성장애가 있는 아동들과 만성 과민성이 있는 아동들에게서 나타날 수 있고, 일부 다른 정신과적 질환에서도 발생할 수 있다. 정서적 자극에 대한 주의력 배분 반응 평가를 비롯한 검사를 하는 동안, 만성 과민성을 보이는 아동들의 경우 질환 특징적 기능이상의 증거를 보이기도 한다. 이는 이러한 아동에게서 나타나는 독특한 반응이라고 할 수 있다.

성별과 관련된 진단적 쟁점

파괴적 기분조절부전장애의 양상으로 병원에 내원하는 아동은 대부분 남자아이다. 사회 표본에서도 남자아이가 우세한 것으로 보인다. 이와 같이 성별에 따른 유병률의 차이는 남녀 유병률이 동등한 양극성장애와 파괴적 기분조절부전장애를 구분하는 데 도움이 된다.

자살 위험

일반적으로, 만성 과민성이 있는 아동을 평가할 때는 파괴적 기분조절부전장애에 있어서 다른 심한 기능적 변화뿐 아니라 자살행동과 공격성도 주의해서 평가되어야 한다.

파괴적 기분조절부전장애의 기능적 결과

파괴적 기분조절부전장애에서 보이는 만성적인 고도의 과민성은 아동의 가족 및 또래와의 관계, 그리고 학교에서의 수행능력 저하와 연관이 있다. 극도로 낮은 좌절에 대한 내성으로 인해, 이러한 아동들은 일반적으로 학교적응에 어려움을 겪는다. 이들은 또래 아동들이 일반적으로 즐기는 활동에 참여하지 못하는 경우가 많고, 교우관계 형성・유지에 어려움을 겪는다. 양극성장애와 파괴적 기분조절부전장애가 있는 아동들의 기능이상 정도는 비슷하다. 두 질환 모두 병발된 개인과 가족의 삶에 심한 장애를 초래한다. 파괴적 기분조절부전장애와 아동 양극성장애 모두에서 위험한 행동, 자살 사고 또는 시도, 고도의 공격성, 정신건강의학과 입원이 흔히 나타난다.

감별진단

만성적 과민성이 있는 아동・청소년은 일반적으로 복잡한 과거력이 있으므로 파괴적 기분조절부전장애의 진단 시, 다른 여러 질환의 동반이환 여부를 고려해야 한다. 여러 다른 증후군을 고려해야 하지만, 파괴적 기분조절부전장애의 양극성장애 및 적대적 반항장애와의 감별은 특히 주의해서 실시해야 한다.

양극성장애. 아동 대상으로 파괴적 기분조절부전장애와 양극성장애를 구분할 때, 중요한 기준은 주요 증상들의 경과를 보는 것이다. 성인의 경우에서처럼, 아동의 제I형 양극성장애와 제II형 양극성장애에서는 평소 모습과 뚜렷한 차이를 보이는 기분 변화의 삽화기간이 나타난다. 조증 삽화에서 보이는 기분 변화는 평상시 아동의 기분과는 명백히 다르다. 조증 삽화 기간의 기분 변화는 인지, 행동, 그리고 신체적 증상(예, 주의산만, 목표 지향적 활동의 증가)의 시작 또는 악화와 동반되어야 하고, 이러한 부수적 증상 역시 평상시 아동의 모습과는 현저히 다르게 나타난다. 그러므로 조증 삽화의 경우, 부모(발달 수준에 따라 아동)는 아동의 기분과 행동이 평상시와 명백히 다르다는 것을 구분할 수 있어야 한다. 이에 비해, 파괴적 기분조절부전장애에서 보이는 과민성은 지속적이며 수개월에 걸쳐 존재한다. 증상의 차이는 어느 정도 있을 수 있으나, 파괴적 기분조절부전장애 아동에서 보이는 특징은 고도의 과민성irritability이다. 양극성장애는 삽화성으로 나타나는 반면, 파괴적 기분조절부전장애는 그렇지 않다. 실제로 경조증 또는 조증 삽화(과민한 기분 또는 다행감)를 충분한 기간 경험하였거나 1일 이상 지속되는 경조증 또는 조증 삽화를 경험한 적이 있는 아동은 파괴적 기분조절부전장애로 진단할 수 없다. 양극성장애와 파괴적 기분조절부전장애를 구분하는 다른 중요한 차이점은 고양되거나 의기양양한 기분과 과장된 자신감을 보인다는 것이다. 이러한 증상은 조증 삽화에서 흔히 보이는 특징이지만, 파괴적 기분조절부전장애에서 보이는 특징은 아니다.

적대적 반항장애. 적대적 반항장애에서 전형적으로 보이는 증상들이 파괴적 기분조절부전장애에서도 나타날 수 있으나, 파괴적 기분조절부전장애에서 보이는 기분 증상은 적대적 반항장애에서는 상대적으로 드물게 나타난다. 적대적 반항장애의 기준을 만족시키는 증상을 보이는 아동을 파괴적 기분조절부전장애로 진단 내릴 때 중요한 특징은 심각하고 빈번하게 감정폭발이 일어나며, 그 사이에도 기분의 파탄이 지속된다는 것이다. 파괴적 기분조절부전장애로 진단 내리기 위해서는 적어도 하나의 환경(예, 집, 학교, 또래집단)에서 심한 손상이 있고, 또 다른 환경에서 경도에서 중등도의 손상이 있어야 한다. 이러한 이유로, 파괴적 기분조절부전장애의 진단기준을 충족시키는 증상을 보이는 아동들 대부분은 적대적 반항장애의 기준을 충족시키는 증상을 나타낼 수 있으나, 그 반대의 경우에는 그렇지 않다. 즉, 적대적 반항장애로 진단된 아동들 중 약 15%만이 파괴적 기분조절부전장애의 진단기준을 충족시킨다. 심지어 두 질환의 진단기준을 모두 충족시키는 아동들에게 진단은 파괴적 기분조절부전장애로만 내려야 한다. 끝으로, 파괴적 기분조절부전장애에서 두드러진 기분 증상을 보이고, 추적연구에서 우울장애 및 불안장애 발생의 위험이 높았다는 점을 고려할 때, 이 장애가 DSM-5에서 우울장애장에 수록된 것에 대한 타당성이 있음을 알 수 있다(적대적 반항장애는 "파괴적, 충동조절 및 품행 장애"에 속해 있다). 이는 파괴적 기분조절부전장애를 보이는 사람들의 경우, 적대적 반항장애에서보다 기분 증상의 요소가 더 두드러진다는 사실을 반영하고 있다. 하지만 파괴적 기분조절부전장애에서는 기분 증상뿐만 아니라 행동문제의 위험이 높을 수 있다는 것도 기억해야 한다.

주의력결핍 과잉행동장애, 주요우울장애, 불안장애 및 자폐스펙트럼장애. 양극성 장애 또는 적대적 반항장애로 진단받은 아동들과는 달리, 파괴적 기분조절부전장애의 진단기준을 충족시키는 아동들은 주의력결핍 과잉행동장애, 주요우울장애 및/또는 불안장애로도 진단될 수 있다. 그러나 아동의 과민성이 주요우울 삽화 또는 지속성 우울장애(기분저하증)의 맥락에서 나타나는 것이라면, 파괴적 기분조절부전장애보다는 주요우울장애 또는 지속성 우울장애(기분저하증) 중 하나로 진단해야 한다. 파괴적 기분조절부전장애로 진단받은 아동은 불안장애를 충족시키는 증상 역시 보일 수 있어서 동반진단을 내릴 수 있다. 그러나 아동의 과민성이 불안장애 악화의 맥락에서 나타나는 것이라면, 파괴적 기분조절부전장애로 진단하기보다는 불안장애로 진단하는 것이 적절하다. 또한 자폐스펙트럼장애로 진단받은 아동은 그들의 일상이 방해받을 때 분노발작을 보이곤 한다. 이 경우, 분노발작이 자폐스펙트럼장애의 부수적인 증상으로 여겨진다면 파괴적 기분조절부전장애로 진단해서는 안 된다.

간헐적 폭발장애. 간헐적 폭발장애를 시사하는 증상을 보이는 아동들은 고도 분노발작을 보이는 경우가 있는데, 이는 파괴적 기분조절부전장애로 진단받은 아동과 유사하다. 그러나 파괴적 기분조절부전장애와 달리 간헐적 폭발장애를 진단할 때 분노발작 사이에 지속적인 기분 파탄^mood disruption^이 요구되지는 않는다. 또한 간헐적 폭발장애는 급성 증상의 기간이 3개월이면 충분하지만, 파괴적 기분조절부전장애의 경우 12개월이 요구된다. 그러므로 한 아동에서 두 진단을 동시에 내릴 수는 없다. 분노발작과 그 사이에 지속적인 과민성을 보이는 아동은 파괴적 기분조절부전장애로만 진단해야 한다.

동반이환

파괴적 기분조절부전장애에서 동반이환율은 극히 높다. 파괴적 기분조절부전장애의 진단기준만을 충족시키는 증상을 보이는 경우는 드물다. 파괴적 기분조절부전장애와 DSM에서 정의된 다른 증후군의 동반이환은 아동 정신질환에서보다 높게 나타나는데, 공통되는 부분이 가장 많은 질환은 적대적 반항장애다. 파괴적 기분조절부전장애는 전반적으로 동반이환율이 높을 뿐 아니라, 동반이환의 범위 역시 다양한 것으로 보인다. 이러한 아동들은 전형적으로 광범위한 파괴적 행동, 기분 증상, 불안, 심지어 자폐스펙트럼 증상 및 진단과 함께 클리닉을 찾는다. 그러나 파괴적 기분조절부전장애로 진단받은 아동은 양극성장애를 충족시키는 증상을 보일 수 없다. 이러한 경우, 양극성장애로만 진단해야 한다. 만약 아동이 적대적 반항장애 혹은 간헐적 폭발장애와 파괴적 기분조절부전장애의 진단기준을 충족시키는 증상을 보인다면, 파괴적 기분조절부전장애로만 진단해야 한다. 또한 앞서 언급한 것처럼, 아동이 보이는 증상이 불안 유발과정에서 일어나거나, 자폐스펙트럼장애 또는 강박장애가 있는 아동에서 일상이 방해받을 때 발생하거나 또는 주요우울 삽화의 맥락에서만 일어난다면, 파괴적 기분조절부전장애로 진단해서는 안 된다.

주요우울장애

Major Depressive Disorder

진단기준

A. 다음의 증상 가운데 5가지(또는 그 이상)의 증상이 2주 연속으로 지속되며, 이전의 기능 상태와 비교할 때 변화를 보이는 경우, 증상 가운데 적어도 하나는 (1) 우울 기분이거나 (2) 흥미나 즐거움의 상실이어야 한다.

주의점: 명백한 다른 의학적 상태로 인한 증상은 포함되지 않아야 한다.

1. 하루 중 대부분 그리고 거의 매일 지속되는 우울 기분에 대해 주관적으로 보고(예, 슬픔, 공허감 또는 절망감)하거나 객관적으로 관찰됨(예, 눈물 흘림)(**주의점:** 아동·청소년의 경우는 과민한 기분으로 나타나기도 함)
2. 거의 매일, 하루 중 대부분, 거의 또는 모든 일상 활동에 대해 흥미나 즐거움이 뚜렷하게 저하됨
3. 체중조절을 하고 있지 않은 상태에서 의미 있는 체중 감소(예, 1개월 동안 5% 이상의 체중 변화)나 체중 증가, 거의 매일 나타나는 식욕 감소나 증가가 있음(**주의점:** 아동에서는

체중 증가가 기대치에 미달되는 경우)
4. 거의 매일 나타나는 불면이나 과다수면
5. 거의 매일 나타나는 정신운동 초조나 지연(객관적으로 관찰이 가능함, 단지 주관적인 좌불안석 또는 처지는 느낌뿐만이 아님)
6. 거의 매일 나타나는 피로나 활력의 상실
7. 거의 매일 무가치감 또는 과도하거나 부적절한 죄책감(망상적일 수도 있는)을 느낌(단순히 병이 있다는 데 대한 자책이나 죄책감이 아님)
8. 거의 매일 나타나는 사고력이나 집중력의 감소 또는 우유부단함(주관적인 호소나 객관적인 관찰 가능함)
9. 반복적인 죽음에 대한 생각(단지 죽음에 대한 두려움이 아닌), 구체적인 계획 없이 반복되는 자살사고, 또는 자살시도나 자살 수행에 대한 구체적인 계획

B. 증상이 사회적, 직업적, 또는 다른 중요한 기능 영역에서 임상적으로 현저한 고통이나 손상을 초래한다.
C. 삽화가 물질의 생리적 영향이나 다른 의학적 상태로 인한 것이 아니다.

주의점: 진단기준 A부터 C까지는 주요우울 삽화를 구성하고 있다.
주의점: 중요한 상실(예, 사별, 재정적 파탄, 자연재해로 인한 상실, 심한 질병이나 장애)에 대한 반응으로 진단기준 A에 기술된 극도의 슬픔, 상실에 대한 되새김, 불면, 식욕저하, 체중 감소가 나타날 수 있고, 이는 우울 삽화와 유사하다. 비록 그러한 증상이 이해될 만하고, 상실에 대해 적절하다고 판단된다 할지라도 정상적인 상실 반응 동안에 주요우울 삽화가 존재한다면, 이는 주의 깊게 다루어져야 한다. 이러한 결정을 하기 위해서는 개인의 과거력과 상실의 고통을 표현하는 각 문화적 특징을 근거로 한 임상적인 판단이 필요하다.[1]

D. 주요우울 삽화가 조현정동장애, 조현병, 조현양상장애, 망상장애, 달리 명시된 또는 명시되지 않는 조현병 스펙트럼 및 기타 정신병적 장애로 더 잘 설명되지 않는다.
E. 조증 삽화 혹은 경조증 삽화가 존재한 적이 없다.
주의점: 조증 유사 혹은 경조증 유사 삽화가 물질로 인한 것이거나 다른 의학적 상태의 직접적인 생리적 영향으로 인한 경우라면, 이 제외 기준을 적용하지 않는다.

부호화와 기록절차:
주요우울장애의 부호는 단일/재발성 삽화 여부, 심각도, 정신병적 양상의 여부, 그리고 관해 상태에 따라 달라진다. 심각도와 정신병적 양상은 주요우울 삽화의 모든 진단기준을 만족시킬 때에만 사용할 수 있다. 관해 여부 세부진단은 주요우울 삽화의 모든 진단기준을 만족시키지 않을 때에만 사용할 수 있다. 부호는 다음과 같다.

심각도/경과 명시자	단일 삽화	재발성 삽화*
경도([DSM-5] p. 197)	296.21 (F32.0)	296.31 (F33.0)
중등도([DSM-5] p. 197)	296.22 (F32.1)	296.32 (F33.1)
고도([DSM-5] p. 197)	296.23 (F32.2)	296.33 (F33.2)
정신병적 양상 동반**([DSM-5] p. 195)	296.24 (F32.3)	296.34 (F33.3)
부분관해 상태([DSM-5] p. 196)	296.25 (F32.4)	296.35 (F33.41)
완전관해 상태([DSM-5] p. 196)	296.26 (F32.5)	296.36 (F33.42)
명시되지 않는 경우	296.20 (F32.9)	296.30 (F33.9)

*재발성 삽화로 진단하기 위해서는 두 삽화 간에 주요우울 삽화의 진단기준을 만족시키지 않는, 적어도 연속된 2개월의 간격이 있어야 한다. 각 명시자에 대한 정의는 표시된 페이지에서 확인할 수 있다.
**만약 정신병적 양상이 존재한다면, 삽화의 심각도와 상관없이 "정신병적 양상 동반"을 명시한다.

진단명을 기록할 때 용어는 다음의 순서대로 나열되어야 한다. 주요우울장애, 단일 또는 재발성 삽화, 심각도/정신병적 양상 동반/관해 여부 명시자, 그리고 현재 또는 가장 최근 삽화에 해당하는 진단부호가 없는 다수의 명시자의 순서다.

명시할 것:

불안증 동반([DSM-5] p. 193)
혼재성 양상 동반([DSM-5] p. 194)
멜랑콜리아 양상 동반([DSM-5] pp. 194-195)
비전형적 양상 동반([DSM-5] p. 195)
기분과 일치하는 정신병적 양상 동반([DSM-5] p. 195)

---

[1] 애도와 주요우울 삽화를 구별할 때, 애도grief는 공허감과 상실의 느낌이 우세한 정동이라면, 주요우울 삽화는 행복이나 재미를 느낄 수 없는 상태와 우울감 지속이 특징이다. 애도에서의 불쾌감은 시간이 지나면서 그 강도가 감소할 가능성이 많고, 흔히 파도 타는 것처럼 변화하는 경향이 있다. 이러한 변화는 고인에 대한 생각이나 그를 떠올리게 하는 무언가와 관련되는 경향이 있다. 주요우울 삽화의 우울감은 좀 더 지속적이며, 특정 생각이나 집착에 한정되지 않는다. 애도의 고통은 주요우울 삽화에서처럼 만연한 불행감이나 비참한 특성이 없고, 때로 긍정적인 감정과 유머를 동반하기도 한다. 애도와 관련된 사고 내용은 주요우울 삽화에서 보이는 것처럼 자기비판적이거나 비관적인 되새김이 아니라, 주로 고인과 관련한 생각이나 기억에 집중된 양상을 보인다. 애도에서는 자존감이 보존되어 있는 반면, 주요우울 삽화에서는 무가치감과 자기혐오의 감정이 흔하다. 만약 자신에 대한 경멸이 애도에서 존재한다면, 그것은 전형적으로 고인과 관련한 인지왜곡과 관련이 있다(예, 자주 방문하지 않은 점, 고인의 생전에 그가 얼마나 사랑받았는지 이야기해 주지 않은 점). 만약 사별한 개인이 죽음에 대해 생각한다면, 그것은 보통 고인에 초점이 맞춰져 고인을 따라 죽는 것일 가능성이 높은 반면, 주요우울 삽화에서의 죽음은 무가치감, 우울증의 고통을 견딜 수 없어 개인 자신의 생을 마감하는 것에 초점이 맞춰져 있다.

기분과 일치하지 않는 정신병적 양상 동반([DSM-5] p. 195)
긴장증 동반([DSM-5] p. 195). **부호화 시 주의점:** 추가 부호 293.89 (F06.1)을 사용할 것
주산기 발병 동반([DSM-5] pp. 195-196)
계절성 동반(재발성 삽화에서만 가능)([DSM-5] p. 196)

진단적 특징

주요우울장애의 핵심 증상들은 체중 변화와 자살사고를 제외하고는 거의 매일 존재해야 한다. 우울 기분이 하루 중 대부분, 거의 매일 발현되어야 한다. 흔히 불면이나 피로를 자주 호소하는 경우, 동반되는 우울 증상을 놓치기 쉽다. 초반에는 슬픈 기분에 대해 부인할 수 있으나, 면담과정에서 드러나거나 표정과 태도를 통해 추측할 수 있다. 신체 증상을 주로 호소하는 환자들을 대할 때, 임상가는 그러한 증상이 특정 우울 증상과 관련이 있는지 파악해야 한다. 피로와 수면장해는 높은 비율에서 나타난다. 정신운동장애는 흔하지 않지만, 망상적 혹은 망상에 가까운 죄책감이 있는 경우처럼 심한 증상임을 의미한다.

주요우울 삽화의 필수 증상은 적어도 2주 동안의 우울 기분 또는 거의 모든 활동에 있어서 흥미나 즐거움의 상실이다(진단기준 A). 아동과 청소년의 경우, 슬픈 기분보다는 과민한 기분일 수 있다. 또한 다음 목록에 포함된 증상 가운데 최소한 4개의 부가적인 증상, 즉 식욕, 체중, 수면, 정신운동 활동의 변화, 기력저하, 무가치감 또는 죄책감, 생각하고 집중하고 결정하기 어려움, 반복되는 죽음에 대한 생각 또는 자살사고, 또는 자살 계획과 시도가 있어야 한다. 주요우울 삽화를 진단하기 위해서는 증상이 새롭게 나타나거나 삽화 이전의 상태와 비교하여 명백하게 악화된 상태여야 한다. 증상은 하루 중 대부분, 거의 매일, 적어도 연속되는 2주 동안 지속되어야 한다. 삽화는 사회적, 직업적, 또는 다른 중요한 기능 영역에서 임상적으로 현저한 고통이나 손상을 초래해야 한다. 보다 가벼운 정도의 삽화의 경우, 정상적으로 기능하는 것처럼 보이지만 그러한 상태를 유지하기 위해서는 상당한 노력이 요구될 것이다.

흔히 주요우울 삽화에서의 기분은 우울하고 슬프고 희망이 없으며, 실망스럽거나 의기소침하다고 기술된다(진단기준 A1). 처음에는 슬픈 기분에 대해 부인하지만, 지속적인 면담에 의해 슬픔이 드러나는 경우도 있다(즉, 울려고 하는 것처럼 보인다고 지적함으로써). 만사가 귀찮거나 느낌이 없거나 불안한 기분을 호소하는 경우, 우울 기분은 얼굴 표정과 태도로부터 짐작할 수 있다. 어떤 이들은 슬픔의 기분을 보고하기보다는 오히려 신체적 불편(예, 신체적 불편감과 통증)을 강조한다. 많은 사람은 과민성(자극에 쉽게 화를 내는)이 심해졌다고 보고하거나, 그러한 상태를 드러낸다(예, 지속적으로 화를 내거나, 분노를 터뜨리거나 타인들을 비난하면서 사건에 매우 민감하고 공격적으로 반응하는 경향, 또는 사소한 문제에 지나치게 좌절감을 느끼는 상태). 아동과 청소년은 슬프고 낙담스러운 기분보다 지나치게 민감하거나 까다로운 기분을 드러낼 수 있다. 이런 현상은 좌절 시 동반되는 과민함의 양상과는 구별되어야 한다.

흥미나 즐거움의 상실이 거의 항상 나타난다. 취미에 대한 흥미가 감소되거나, 더 이상 관심을 갖지 않거나, 이전에는 즐겁게 했던 활동에 대해 어떤 즐거움도 느낄 수 없게 된다(진단기준 A2). 사회적으로 위축되거나 이전에는 즐겼던 취미에 대해 무관심해진 것을 가족들이 알아챈다(예, 이전에는 무척 열심히 골프를 했던 사람이 더 이상 골프를 치지 않거나 축구를 즐기던 아이가 운동을 하지 않으려고 변명거리를 찾음). 사람들에 따라서는 성적 관심이나 욕구가 이전 수준보다 상당히 줄어든다.

식욕은 감소 또는 증가한다. 억지로 먹어야 한다고 보고하는 사람들이 있는가 하면, 식욕이 증가하거나 특정한 음식(예, 달콤한 음식이나 기타 탄수화물)을 갈망하게 된다는 사람들도 있다. 식욕 변화가 심할 때(어떤 쪽으로든) 체중이 심하게 감소 또는 증가한다. 아동의 경우, 예상된 체중 증가가 나타나지 않기도 한다(진단기준 A3).

수면장해는 불면이나 과다수면으로 나타난다(진단기준 A4). 불면 증상이 있는 경우, 전형적으로 중기 불면증(즉, 밤에 깨고 나면 다시 잠들 수 없음) 또는 말기 불면증(즉, 너무 일찍 깨고 다시 잠들 수 없음)으로 나타난다. 초기 불면증(즉, 잠들기 어려움)도 발생할 수 있다. 밤에 잠자는 시간이 길어지거나 낮시간에 잠자는 시간이 증가하는 형태로 과다수면이 나타나기도 한다. 때로 수면장해가 치료를 원하는 이유가 된다.

정신운동 변화는 초조(예, 계속 앉아 있지 못함, 걷기, 손 꽉 쥐기, 피부, 옷 또는 다른 물건을 잡아당기거나 문지르기) 또는 지연을 포함한다(예, 말 · 사고 · 몸의 느린 움직임, 대답하기 전 침묵하는 시간이 길어짐, 음량, 음조, 양의 감소, 말의 내용이 다양하지 못하거나 말이 없음)(진단기준 A5). 정신운동 초조 · 지연은 다른 사람들에게 관찰될 수 있을 만큼 심해야 한다.

흔히 기력이 저하되고 피곤하며 나른하다(진단기준 A6). 어떤 사람들은 신체운동을 하지 않는데도 계속 피로를 호소한다. 아주 작은 일에도 상당한 노력이 요구되며, 업무수행 능률이 떨어질 수도 있다. 예를 들면, 아침에 기상하여 씻고 옷을 입는 것이 힘겹게 느껴지고, 평소보다 2배의 시간이 걸릴 수도 있다.

주요우울 삽화와 연관된 무가치감 또는 죄책감은 자신의 가치에 대한 비현실적인 부정적 평가 또는 과거에 실패했던 사소한 일에 대한 집착이나 되새김을 포함할 수 있다(진단기준 A7). 이런 경우, 중립적이거나 사소한 일상적인 사건들을 자신이 결핍이 있는 증거로 잘못 해석하고, 예상치 못한 사건에 대해서도 과도한 책임감을 느낀다. 무가치감이나 죄책감은 망상적인 부분을 포함할 수 있다(예, 환자는 자신이 세계 빈곤에 개인적으로 책임이 있다고 확신할 수도 있다). 우울증으로 인해 자신에게 병이 있다거나 직업적 또는 대인관계에서 책임을 완수하지 못한 것에 대해 스스로를 탓하는 것은 흔하나, 망상적 수준이 아니면 이 진단기준을 충족시키는 데 충분하지 않다.

많은 사람들이 생각하고, 집중하고, 사소한 결정을 내리는 능력마저 손상되어 있음을 보고한다(진단기준 A8). 이들은 정신이 쉽게 산만해지거나 기억력이 떨어진다고 호소한다. 흔히 지적으로 높은 수준의 활동을 수행하던 사람이 적절하게 기능하지 못하게 된다. 아동의 경우, 학교 성적의 갑작스러운 하락이 집중력 저하를 반영할 수 있다. 주요우울 삽화에 있어서 노인들은 주로 기억력 문제를 호소하는데, 이는 치매의 초기 징후로 오해되기도 한다("가성치매pseudodementia"). 주요우울 삽화가 성공적으로 치료되면, 보통 기억력 문제도 호전된다. 그러나 일부, 특히 노인들의 경우, 주요우울 삽화가 때로 비가역적 치매의 초기 현상일 수도 있다.

죽음에 대한 생각, 자살 사고 또는 시도가 흔하다(진단기준 A9). 이러한 생각은 아침에 일어나고 싶지 않다는 소극적인 소망 또는 자신이 죽는 것이 다른 사람들에게 더 나을 거라는 믿음에서부터 순간적이지만 반복적인 자살시도에 대한 생각, 또는 자살방법에 대한 구체적 계획에 이르기까지 범위가 다양하다. 좀 더 심각하게 자살을 고려하는 사람들은 주변을 정리하고(예, 유언 작성, 빚 청산), 자살에 필요한 물건(예, 밧줄 또는 총)을 구입하거나, 자살시도 시기와 장소를 선택하기도 한다. 극복할 수 없는 장애물에 부딪혔을 때 포기하려는 충동과 끝이 없다고 지각되는, 극심한 고통스러운 기분 상태를 끝내고자 하는 강렬한 소망이 자살시도의 동기가 될 수 있다. 이러한 생각을 해결하는 것이 자살에 대한 추후 계획을 만류하는 것보다 자살 위험도를 낮출 수 있는 의미 있는 방법이 될 수 있다.

주요우울 삽화 증상은 일반적인 의학적 상태(예, 암, 뇌졸중, 심근경색, 당뇨병)가 있는 이들에게 발생할 때 특히 평가하기 어렵다. 주요우울 삽화의 일부 진단기준은 일반적인 의학적 상태의 특징적 징후나 증상과 동일하다(예, 치료받지 않은 당뇨병에서의 체중 감소, 암 환자의 피로감, 임신 초기의 과다수면, 임신 후기 또는 산후의 불면). 일반적인 의학적 상태로 인한 증상이 명확한 경우를 제외하고는 주요우울 삽화로 간주되어야 한다. 이러한 경우, 불쾌감, 무쾌감증, 죄책감 또는 무가치감, 집중력 손상 또는 우유부단함, 그리고 자살사고와 같은 비생장nonvegetative 증상들이 특히 주의 깊게 평가되어야 한다. 이러한 비생장 증상만을 포함하도록 수정된 주요우울 삽화의 정의는 진단기준 전체만큼이나 진단능력이 있는 것으로 보인다.

진단을 뒷받침하는 부수적 특징

주요우울장애는 높은 사망률과 연관되어 있고, 자살이 많은 경우를 차지하지만, 이것이 유일한 원인은 아니다. 예를 들어, 요양원에 입소한 우울증 환자들은 첫해에 사망할 확률이 현저히 높다. 이들은 빈번히 울거나, 과민하고, 강박적으로 되새김하거나, 불안감, 공포증, 건강에 대한 과도한 염려와 통증(예, 두통, 관절, 복부 또는 기타 부위의 통증) 호소를 보인다. 아동의 경우, 분리불안이 나타날 수 있다.

주요우울장애의 신경해부학적·신경내분비학적·신경생리학적 요인에 대한 연구가 다수 존재한다. 그러나 높은 민감도와 특이도를 가진 진단도구, 즉 검사실 검사는 부재한 상태다. 최근까지 밝혀진 주요우울 삽화와 관련된 이상 소견에는 시상하부-뇌하수체-부신(HPA) 축 과활성화가 있다. 이러한 특징은 멜랑콜리아 양상 동반, 정신병적 양상 동반, 그리고 충동적인 자살의 위험성과 연관된 것으로 알려져 있다. 분자^{molecular} 연구에서는 신경영양 요인의 유전적 변이와 염증 유발 사이토카인 등 주변 요인들에 대한 연구가 이루어지고 있다. 또한 기능자기공명영상(fMRI) 연구를 통하여 주요우울장애 성인에서 나타나는 감정처리, 보상추구, 그리고 감정조절과 관련된 특수 신경조절체계의 기능적 이상에 대한 근거가 밝혀지고 있다.

유병률

미국에서 주요우울장애의 1년 유병률은 약 7%이며, 연령에 따라 큰 차이를 보인다. 특히, 18~29세 집단에서 60세 이상 집단보다 유병률이 3배 이상 높다. 초기 청소년기부터 여성이 남성보다 유병률이 1.5~3배 정도 높아진다.

발달과 경과

주요우울장애는 어느 연령대에서도 발병할 수 있지만, 특히 사춘기에 발병 가능성이 매우 높아진다. 미국의 주요우울장애 발병률은 20대에 최고치를 보이지만, 고령에서의 첫 발병도 드물지는 않다.

주요우울장애의 경과는 매우 다양하다. 두 삽화 사이에 거의 증상이 없는 상태로 수년 동안 지내는 경우가 있는가 하면, 관해(2개월 이상 증상이 없거나 경도 이하의 증상이 한두 가지 있는 경우)를 경험하기도 한다. 만성 우울증의 악화로 치료가 필요한 경우와 최근 증상이 발생한 경우를 구별하는 것이 중요하다. 우울 증상의 만성화는 기저 질환으로 성격장애, 불안장애, 물질사용장애가 있을 가능성이 높고, 치료 후 완전관해의 가능성이 낮을 수 있다. 그러므로 우울 증상이 있는 경우, 최소 2개월 이상 우울 증상이 전혀 나타나지 않았던 가장 최근의 시기를 확인하는 것이 유용하다.

회복은 일반적으로 주요우울장애 환자들 중 2/5에서 발병 후 3개월 이내, 4/5에서 발병 후 1년 이내에 시작된다. 최근 발병한 경우, 가까운 시일 내 회복될 가능성이 매우 높다. 수개월 동안 우울 증상을 보이는 많은 경우, 저절로 회복되는 경우가 많다. 낮은 회복률과 관련 있는 특성으로는 현 삽화의 지속기간 외에 정신병적 양상, 현저한 불안 증상, 성격장애, 그리고 심각한 수준의 증상 유무가 있다.

재발 위험은 관해기간이 길어질수록 낮아진다. 반면, 고도의 선행 삽화, 낮은 연령, 다수의 삽화를 경험한 사람들에서 재발 위험은 높아진다. 관해기간에 지속되는 경도의 우울 증상도 재발의 강력한 예측 요인이다.

대부분의 양극성 질환은 1회 이상의 우울 삽화로 시작되고, 주요우울장애로 진단받은 사람들 중 상당수가 추후에 양극성장애로 진단된다. 이는 사춘기에 발병하였거나 정신병적 양상 또는 양극성장애 가족력이 있는 사람들에게서 더 흔하다. "혼재성 양상 동반"이 명시된 경우, 추후 조증 또는 경조증을 진단받을 위험성이 높다. 특히, 정신병적 양상 동반 주요우울장애는 조현병으로 이행될 수 있고, 이는 반대의 경우보다 훨씬 흔하게 나타난다.

우울장애의 유병률은 성별에 따라 차이가 나지만, 현상학, 경과, 또는 치료 반응에 있어서의 성차는 분명하지 않다. 또한 주요우울장애의 치료 반응이나 경과에서 연령에 따른 차이 역시 명확하지 않다. 그러나 일부 증상은 차이를 보이는데, 과다수면, 과식증은 낮은 연령에서 흔하고 멜랑콜리아 증상들, 특히 정신운동장애는 높은 연령에서 더 흔하다. 자살시도는 중년과 말년에 줄어들지만, 자살완수는 줄어들지 않는다. 낮은 연령에 발병한 우울증은 가족력이 있거나 성격장애와 관련될 가능성이 높다. 주요우울장애의 경과는 일반적으로 나이가 들어도 바뀌지 않는다. 평균 회복기간은 오랫동안 안정적으로 고정되어 있으며, 삽화의 가능성은 일반적으로 시간이 경과해도 증가 또는 감소하지 않는다.

위험 및 예후 요인

기질적. 신경증적 경향성neuroticism(부정적 정동성negative affectivity)은 주요우울장애의 주요 위험 요인이다. 이러한 경향이 높을수록, 스트레스 상황에 대한 반응으로 우울 삽화가 발생할 가능성이 높다.

환경적. 다양한 경험 중 특히 유년 시절의 부정적 경험은 주요우울장애의 잠재적인 위험 요인들 중 하나다. 스트레스 상황은 주요우울장애의 촉발요인이지만, 삽화 발생 시 부정적인 상황 유무는 예후나 치료의 선택에 있어 유용한 지침을 제시하지 못한다.

유전적·생리적. 일차가족인 경우, 주요우울장애의 위험도가 일반인구보다 2~4배 이상 더 높다. 위험도는 조기 발병형과 재발형에서 상대적으로 더 높다. 유전율은 약 40%이고 신경증적 경향성 성격 특질이 유전적 요인의 상당 부분을 차지한다.

경과의 변경인자. 근본적으로, 모든 주요 비기분장애는 우울장애의 발생 위험을 높인다. 다른 장애와 동반이환으로 주요우울 삽화가 발생한 경우에는 종종 난치성 경과를 보인다. 물질사용장애, 불안장애, 경계성 성격장애가 가장 흔히 동반이환된다. 이 경우, 우울 증상이 모호하여 진단이 지연될 수 있다. 그러나 기저 질환이 적절하게 치료되면, 우울 증상도 임상적으로 크게 호전될 수 있다. 또한 만성적이거나 장애를 초래할 수 있는 의학적 상태도 주요우울 삽화의 위험을 증가시킨다. 당뇨, 병적 비만, 그리고 심혈관계 질환과 같은 흔한 질환들은 종종 우울 삽화로 인해 더욱 심각해진다. 이러한 우울 삽화는 의학적으로 건강한 상태에서 나타나는 우울 삽화보다 만성화되기 쉽다.

문화와 관련된 진단적 쟁점

다양한 문화권의 주요우울장애 연구에서 1년 유병률은 7배 정도 차이를 보였지만, 여성 대 남성의 비율, 평균 발병연령, 그리고 어떠한 장애가 물질남용의 동반이환을 얼마나 높이는지에 대해서는 상당히 일관된 결과를 보였다. 이러한 결과들은 주요우울장애의 발현에 있어서 잠재적인 문화의 차이를 보여 주지만, 특정 문화와 특이 증상 간의 관련성을 보여 주는 것은 아니다. 임상가들은 대부분의 국가에서 다수의 우울증 환자가 일차 진료를 통해 우울장애로 진단받지 못하고, 단지 신체증상을 불평하는 것으로 여겨진다는 사실을 알고 있어야 한다. 진단기준 A의 증상들 중 불면과 의욕저하는 가장 흔히 호소되는 증상들이다.

성별과 관련된 진단적 쟁점

주요우울장애의 역학에서 여성이 명확하게 높은 유병률을 보인다. 그러나 임상 증상, 경과, 치료 반응, 또는 기능적 변화에서의 성차는 분명하지 않다. 여성의 경우, 자살시도의 가능성은 더 높지만, 자살 완수율은 더 낮다. 우울장애에서 성별에 따른 자살률의 차이는 전체 인구에서 성별에 따른 자살률의 차이만큼 크지 않다.

자살 위험

주요우울 삽화의 기간에 자살행동의 가능성은 항상 존재한다. 가장 지속적으로 언급되는 위험요인은 자살시도 혹은 위협의 과거력이지만, 완수된 자살의 대부분에서 자살시도 실패가 선행되지 않았다. 그 밖에 남성, 미혼 또는 독거, 절망감이 현저한 경우, 자살완수 위험성이 높다. 특히 경계성 성격장애가 있는 경우, 추후 자살시도의 가능성이 매우 높다.

주요우울장애의 기능적 결과

주요우울장애에서 대부분의 기능적 결과는 증상에 따라 달라진다. 손상은 주변의 지인들이 우울 증상을 알아채지 못할 정도로 매우 경미할 수 있다. 그러나 이 손상은 자기관리를 위한 기본적인 활동을 하지 못하거나, 무언증이나 긴장증과 같이 기능을 완전히 상실할 정도로 심각하게 나타날 수도 있다. 일반적인 의학적 상황에서 주요우울장애 환자는 더욱 심한 통증을 호소하고, 더 많은 신체적 질환을 동반하며, 신체적 · 사회적 · 역할수행 기능이 현저히 떨어진다.

감별진단

과민한 기분이 있는 조증 또는 혼재성 삽화. 현저하게 과민한 기분을 보이는 주요우울 삽화는 과민한 기분이 있는 조증 삽화나 혼재성 삽화와 구별하기 어렵다. 구별을 위해서는 조증 증상의 유무를 임상적으로 주의 깊게 평가해야 한다.

다른 의학적 상태로 인한 기분장애. 병력, 신체검진, 검사 소견에 근거하여 기분장해가 특정 의학적 상태(예, 다발성 경화증, 뇌졸중, 갑상선기능저하증)의 직접적인 병태생리학적 결과라고 판단되지 않아야 주요우울 삽화로 진단될 수 있다.

물질/약물치료로 유발된 우울 또는 양극성 장애. 이 장애는 물질(예, 남용약물, 치료약물, 독소)이 기분장애의 원인이 된다는 점에서 주요우울장애와 구별할 수 있다. 예를 들어, 코카인 금단 상황에서만 발생하는 우울 기분은 코카인으로 유발된 우울장애로 진단될 수 있다.

주의력결핍 과잉행동장애. 주의산만과 낮은 욕구불만 내성은 주의력결핍 과잉행동장애와 주요우울 삽화에서 모두 발생할 수 있다. 만약 두 장애의 진단기준을 모두 만족한다면, 주의력결핍 과잉행동장애는 기분장해에 추가로 진단될 수 있다. 그러나 임상가들은 기분장해가 슬픔과 흥미의 상실보다는 과민성으로 나타나는 아동들에서 주요우울 삽화를 주의력결핍 과잉행동장애로 과진단하지 않도록 주의해야 한다.

우울 기분 동반 적응장애. 정신사회적 스트레스에 대한 반응으로 나타나는 주요우울 삽화는 우울 기분 동반 적응장애가 주요우울 삽화의 모든 진단기준을 만족하지 못한다는 점에서 구별될 수 있다.

슬픔. 끝으로, 슬픔은 경험의 내재적 측면이다. 만약 슬퍼하는 기간에 심각도(즉, 9가지 증상 중 5가지 이상), 기간(즉, 하루의 대부분, 적어도 2주간 거의 매일), 그리고 임상적으로 현저한 고통이나 손상을 경험한다는 진단기준을 충족시키지 못한다면, 주요우울장애로 진단해서는 안 된다. 주요우울장애의 기간이나 심각도를 충족시키지는 못하지만 임상적으로 현저한 손상을 동반한 우울 기분을 보이는 경우, 달리 명시된 우울장애로 진단할 수 있다.

동반이환

물질관련장애, 공황장애, 강박장애, 신경성 식욕부진증, 신경성 폭식증, 경계성 성격장애는 주요우울장애와 빈번하게 동반된다.

지속성 우울장애(기분저하증)

Persistent Depressive Disorder (Dysthymia)

진단기준	300.4 (F34.1)

이 장애는 DSM-IV에서 정의된 만성 주요우울장애와 기분부전장애를 통합한 것이다.

A. 적어도 2년 동안, 하루의 대부분 우울 기분이 있고, 우울 기분이 없는 날보다 있는 날이 더 많으며, 이는 주관적으로 보고하거나 객관적으로 관찰된다.
 주의점: 아동 · 청소년의 경우에는 기분이 과민한 상태로 나타나기도 하며, 기간은 적어도 1년이 되어야 한다.

B. 우울기간에 다음 2가지(또는 그 이상)의 증상이 나타난다.

1. 식욕부진 또는 과식
2. 불면 또는 과다수면
3. 기력저하 또는 피로감
4. 자존감 저하
5. 집중력 감소 또는 우유부단

6. 절망감

C. 장해가 있는 2년(아동 · 청소년에서는 1년) 동안 연속적으로 2개월 이상, 진단기준 A와 B의 증상이 존재하지 않았던 경우가 없었다.
D. 주요우울장애의 진단기준을 만족하는 증상이 2년간 지속적으로 나타날 수 있다.
E. 조증 삽화, 경조증 삽화가 없어야 하고, 순환성장애의 진단기준을 충족하지 않아야 한다.
F. 장해가 지속적인 조현정동장애, 조현병, 망상장애, 달리 명시된 또는 명시되지 않는 조현병 스펙트럼 및 기타 정신병적 장애와 겹쳐서 나타나는 것이 아니다.
G. 증상이 물질(예, 남용약물, 치료약물)의 생리적 영향이나 다른 의학적 상태(예, 갑상선기능저하증)로 인한 것이 아니다.
H. 증상이 사회적, 직업적, 또는 다른 중요한 기능 영역에서 임상적으로 현저한 고통이나 손상을 초래한다.

주의점: 주요우울 삽화의 진단기준은 지속성 우울장애(기분저하증)에는 없는 4가지 증상이 포함되어 있기 때문에, 극소수가 2년 이상 지속되는 우울 증상들을 가지게 되며, 지속성 우울장애의 진단기준을 만족하지 못한다. 만약 질환의 현 삽화기간의 어느 시점에서든 주요우울장애의 진단기준을 모두 만족한다면, 주요우울장애로 진단해야 한다. 그러나 만약 그렇지 않다면 달리 명시된 우울장애 또는 명시되지 않는 우울장애를 진단할 수 있는 근거가 된다.

다음의 경우 명시할 것:

불안증 동반([DSM-5] p. 193)
혼재성 양상 동반([DSM-5] p. 194)
멜랑콜리아 양상 동반([DSM-5] pp. 194-195)
비전형적 양상 동반([DSM-5] p. 195)
기분과 일치하는 정신병적 양상 동반([DSM-5] p. 195)
기분과 일치하지 않는 정신병적 양상 동반([DSM-5] p. 195)
주산기 발병 동반([DSM-5] pp. 195-196)

다음의 경우 명시할 것:

부분관해 상태([DSM-5] p. 196)
완전관해 상태([DSM-5] p. 196)

다음의 경우 명시할 것:

조기 발병: 발병이 21세 이전인 경우
후기 발병: 발병이 21세 이후인 경우

다음의 경우 명시할 것(지속성 우울장애의 최근 2년간):

순수한 기분저하 증후군 동반: 적어도 지난 2년간 주요우울 삽화의 진단기준을 만족하지

않은 경우

지속성 주요우울 삽화 동반: 지난 2년 내내 주요우울 삽화의 진단기준을 만족시킨 경우

간헐적인 주요우울 삽화, 현재 삽화를 동반하는 경우: 현재 주요우울 삽화의 진단기준을 만족하며, 주요우울 삽화에 미치지 못하는 우울 증상이 적어도 2년간 선행하는 동안 8주 이상 주요우울 증상이 있었던 경우

간헐적인 주요우울 삽화, 현재 삽화를 동반하지 않는 경우: 현재 주요우울 삽화의 진단기준을 만족하지 않지만 지난 2년간 적어도 1회 이상의 주요우울 삽화가 있었던 경우

현재의 심각도를 명시할 것:

경도([DSM-5] p. 197)

중등도([DSM-5] p. 197)

고도([DSM-5] p. 197)

진단적 특징

지속성 우울장애(기분저하증)의 필수 증상은 적어도 2년 동안, 아동·청소년의 경우 적어도 1년 동안, 우울 기분이 없는 날보다 있는 날이 더 많고, 하루 대부분 지속되는 우울 기분이다(진단기준 A). 이 장애는 DSM-IV 진단기준에 따른 만성 주요우울장애와 기분부전장애를 통합한 것이다. 주요우울장애는 지속성 우울장애에 선행할 수 있고, 주요우울 삽화는 지속성 우울장애 기간 중 일어날 수 있다. 2년간 주요우울장애 진단기준을 충족시키는 증상이 있는 경우, 주요우울장애뿐 아니라 지속성 우울장애의 진단도 추가해야 한다.

지속성 우울장애가 있는 사람들은 기분이 슬프다거나 "울적하다 down in the dumps"고 호소한다. 우울 기분의 기간 동안 진단기준 B의 6가지 증상 중 적어도 2가지가 나타난다. 이 증상들은 일상적인 경험의 대부분을 차지하기 때문에(예, "난 항상 이래 왔어."), 임상가가 직접적으로 묻지 않는다면, 보고되지 않는 경우가 흔하다. 2년(아동이나 청소년의 경우 1년) 동안 아무 증상 없는 기간이 2개월 이상 지속되지 않는다(진단기준 C).

유병률

지속성 우울장애는 DSM-IV의 기분부전장애와 만성 주요우울 삽화를 효과적으로 통합한 것이다. 미국에서 지속성 우울장애의 1년 유병률은 약 0.5%, 만성 주요우울장애의 1년 유병률은 약 1.5%다.

발달과 경과

지속성 우울장애는 대부분 생애 초기(아동기, 청소년기, 성인기 초기)에 서서히 발생하며, 정의와 같이 만성적 경과를 보인다. 지속성 우울장애와 경계성 성격장애를 둘 다 진단받은 경우, 질병 경과에서 유사한 특징이 관찰되는 것은 두 질환에 공통된 기전이 작동되고 있음을 시사한다. 조기 발병(21세 이전)의 경우, 성격장애 및 물질사용장애가 동반될 가능성이 높다.

증상이 주요우울 삽화 수준까지 심해질 때, 증상들은 더 낮은 수준으로 되돌아가기 쉽다. 그러나 우울 증상들은 주요우울 삽화일 때보다 지속성 우울장애에서 더 해소되기 어렵다.

위험 및 예후 요인

기질적. 장기적으로 나쁜 결과를 예측할 수 있는 요인은 높은 수준의 신경증적 경향성(부정적 정동성), 고도의 증상, 전체적인 기능의 저하, 불안장애 또는 품행장애가 있는 경우다.

환경적. 아동기의 위험요인은 부모의 상실 혹은 분리다.

유전적 · 생리적. DSM-IV의 기분부전장애와 만성 주요우울장애 사이에 병의 진행, 경과, 또는 가족력의 분명한 차이는 없다. 따라서 이러한 장애의 특성을 보이는 초기 소견에 대하여 지속성 우울장애로 진단하기 더욱 쉬워졌다. 지속성 우울장애에서 주요우울장애나 기타 우울장애의 경우보다 지속성 우울장애의 가족력이 있을 확률이 더 높다. 뇌의 많은 영역(예, 전두엽피질, 전측대상회, 편도, 해마)이 지속성 우울장애에 관계된다. 또한 수면다원검사상 이상 소견이 나타날 수 있다.

지속성 우울장애의 기능적 결과

지속성 우울장애에서 사회적 · 직업적 기능의 변화 정도는 매우 다양하지만, 그 영향력은 주요우울장애보다 더 중대할 수 있다.

감별진단

주요우울장애. 만약 우울 기분과 동반하여 지속성 우울장애의 진단기준을 만족하는 2가지 이상의 증상들이 2년 이상 지속된다면, 지속성 우울장애로 진단해야 한다. 2년 이상의 지속기간을 만족해야 한다는 점에서 2년 이상 지속되지 않는 우울 삽화와 구별할 수 있다. 이 기간 중 어느 때나 주요우울 삽화를 진단하기에 충분한 증상을 보인다면, 주요우울장애로 진단해야 한다. 그러나 이는 별개의 진단으로 부호화해서는 안 되며, 지속성 우울장애 진단에 세부진단으로 첨부되어야 한다. 만약 환자의 현재 증상이 주요우울 삽화 기준을 모두 충족시킨다면, 추가로 "간헐적인 주요우울 삽화, 현재 삽화를 동반하는 경우"로 명시해야 한다. 만약 주요우울 삽화가 적어도 2년간 지속되었고 여전히 남아 있다면, "지속성 주요우울 삽화 동반"으로 명시해야 한다. 현재 주요우울 삽화 기준을 모두 충족시키지는 않으나, 적어도 2년간의 지속적인 우울 증상의 맥락에서 주요우울 삽화의 기준을 충족시켰던 적이 1회라도 있었다면, "간헐적인 주요 우울 삽화, 현재 삽화를 동반하지 않는 경우"로 명시해야 한다. 만약 지난 2년간 주요우울 삽화를 경험한 적이 없다면, "순수한 기분저하 증후군 동반"으로 명시해야 한다.

정신병적 장애. 만성적인 정신병적 장애(예, 조현정동장애, 조현병, 망상장애)의 경우, 흔히 우울 증상이 동반되는 특징이 있다. 만약 우울 증상이 정신병적 장애의 경과 중에서만 발생한다면(잔류기 포함), 지속성 우울장애를 별개로 진단하지 않는다.

다른 의학적 상태로 인한 우울 또는 양극성 및 관련 장애. 지속성 우울장애는 다른 의학적 상태로 인한 우울 또는 양극성 및 관련 장애와 구별되어야 한다. 만약 기분장해가 환자의 병력, 신체검진 또는 검사 소견에 근거하여 특정한, 흔히 만성적인 내과적 상태(예, 다발성 경화증)의 직접적인 생리적 영향으로 인한 것이라고 판단된다면, 진단은 다른 의학적 상태로 인한 우울장애 또는 양극성 및 관련 장애다. 만약 환자의 우울 증상이 다른 의학적 상태의 직접적인 생리적 효과에서 기인하지 않는다고 판단된다면, 원발성 정신질환(예, 지속성 우울장애)을 기록하고, 내과적 상태는 공존하는 내과적 상태(예, 당뇨병)로 기술한다.

물질/약물치료로 유발된 우울 또는 양극성 장애. 만약 물질(예, 남용약물, 치료약물, 또는 독소 노출)이 기분장해의 원인으로 판단된다면, 물질/약물치료로 유발된 우울장애 또는 양극성 및 관련 장애는 지속성 우울장애와 구별이 필요하다.

성격장애. 흔히 성격장애가 공존하는 경우가 있다. 개인의 증상이 지속성 우울장애와 성격장애 기준 2개를 만족한다면, 2가지 진단을 모두 내린다.

동반이환

주요우울장애 환자들과 비교했을 때 지속성 우울장애 환자들은 정신과적 동반이환, 특히 불안장애와 물질사용장애의 위험이 높다. 조기 발병하는 지속성 우울장애는 DSM-IV의 B군의 성격장애, C군의 성격장애와 관련성이 높다.

월경전불쾌감장애

Premenstrual Dysphoric Disorder

진단기준 **625.4 (N94.3)**

A. 대부분의 월경주기에서 월경 시작 1주 전에 다음의 증상 가운데 5가지(또는 그 이상)가 시작되어, 월경이 시작되고 수일 안에 증상이 호전되며, 월경이 끝난 주에는 증상이 경미하

거나 없어져야 한다.

B. 다음 증상 중 적어도 한 가지(또는 그 이상)는 포함되어야 한다.

1. 현저하게 불안정한 기분(예, 갑자기 울고 싶거나 슬퍼진다거나 거절에 대해 민감해지는 것)
2. 현저한 과민성, 분노 또는 대인관계에서의 갈등 증가
3. 현저한 우울 기분, 절망감 또는 자기비난의 사고
4. 현저한 불안, 긴장, 신경이 곤두섬 또는 과도한 긴장감

C. 다음 증상 중 적어도 한 가지(또는 그 이상)는 추가적으로 존재해야 하며, 진단기준 B에 해당하는 증상과 더해져 총 5가지의 증상이 포함되어야 한다.

1. 일상 활동에서 흥미의 저하(예, 직업, 학교, 또래집단, 취미)
2. 집중하기 곤란하다는 주관적 느낌
3. 기면, 쉽게 피곤함 혹은 현저한 무기력
4. 식욕의 현저한 변화, 즉 과식 또는 특정 음식의 탐닉
5. 과다수면 또는 불면
6. 압도되거나 자제력을 잃을 것 같은 주관적 느낌
7. 유방의 압통이나 부종, 두통, 관절통, 혹은 근육통, 부풀어 오르거나 체중이 증가된 느낌과 같은 다른 신체적 증상

주의점: 진단기준 A~C에 해당하는 증상이 전년도 대부분의 월경주기에 있어야 한다.

D. 증상이 직업이나 학교, 일상적인 사회활동과 대인관계를 현저하게 저해한다(예, 사회활동의 회피, 직장이나 학교에서의 생산성과 효율성의 감소).

E. 증상은 주요우울장애나 공황장애, 지속성 우울장애(기분저하증) 혹은 성격장애와 같은 다른 장애로 인해 단순히 악화된 것이 아니다(이러한 장애 중 어느 것에도 중첩되어 나타날 수는 있다).

F. 진단기준 A는 적어도 연속적인 2회의 주기 동안 전향적인 일일평가에 의해 확인되어야 한다(**주의점:** 진단은 이러한 확인이 있기 이전에는 잠정적으로 내려질 수 있다).

G. 증상은 물질(예, 남용약물, 치료약물, 기타 치료)의 생리적 영향이나 다른 의학적 상태(예, 갑상선기능항진증) 로 인한 것이 아니다.

기록절차

만약 증상이 적어도 2회의 증상을 보이는 월경주기에 대한 전향적인 일일평가에 의해 확인된 것이 아니라면, 진단명 뒤에 "잠정적provisional"이라고 표시해야 한다

(예, "월경전불쾌감장애, 잠정적").

진단적 특징

월경전불쾌감장애의 필수 증상은 불안정한 기분, 과민성, 불쾌감, 그리고 불안 증상이다. 이러한 증상들은 반복적으로 월경주기 전에 시작되어 월경 시작 또는 직후에 사라진다. 행동 및 신체 증상이 동반되고, 이 같은 증상들은 전년도 대부분의 월경주기에 존재해야 하며, 직업이나 사회생활에 악영향을 미쳐야 한다. 동반 증상의 강도 및/또는 발현은 해당 여성의 사회 및 문화적 배경, 가족의 관점, 종교적 믿음, 사회적 관용, 그리고 여성의 성역할과 같은 더 구체적인 요소들과 밀접한 관계가 있을 수 있다.

전형적으로, 증상은 월경 시작 즈음에 최고조에 이른다. 증상이 월경 시작 후 며칠간 지속되는 것은 흔하지 않으나, 월경기간 시작 후 난포기에는 증상이 없어져야 한다. 필수 증상에 기분과 불안 증상이 포함되며, 행동 및 신체 증상이 흔히 동반된다. 그러나 기분 및/또는 불안 증상이 없는 상태에서 행동 및 신체 증상만 있는 것은 진단을 내리기에 충분하지 않다. 증상의 강도(기간이 아닌)는 주요우울 삽화나 범불안장애와 같은 다른 정신질환에 버금가는 정도다. 잠정적 진단을 확진하기 위해서는 적어도 연속되는 2개월 이상의 일일 증상 기록이 필요하다.

진단을 뒷받침하는 부수적 특징

망상과 환각이 월경주기의 황체기 후반에 나타난다는 보고가 있으나 매우 드물다. 월경주기 전은 자살 위험이 있는 시기다.

유병률

월경을 하는 여성들에게 있어서 12개월 동안 월경전불쾌감장애의 유병률은 1.8~5.8%다. 추정치는 전향적 일일기록 대신 후향적 일일기록을 근거로 했을 때 상당히 과장되게 나온다. 그러나 1~2개월 동안의 일일 증상 기록을 근거로 한 추정 유병률은 대표적이지 않을 수 있다. 그 이유는 증상이 심한 경우, 기록을 지속할 수 없기 때문이다. 월경전불쾌감장애의 가장 엄격한 추정 유병률은 기능 손상이 없으면서 진단기준을 모두 만족하는 여성들의 비율은 1.8%이며, 기능 손상이 동반되고 다른 정신질환 등 동반이환하는 증상이 없으면서 진단기준을 만족하는 여성들은 1.3%다.

발달과 경과

월경전불쾌감장애는 초경 이후 언제든 시작될 수 있다. 40개월의 추적관찰 동안 새로운 증례가 발생하는 정도는 2.5%다(95% 신뢰구간=1.7–3.7). 많은 여성들이 폐경에 다가갈수록 증상이 악화된다고 보고한다. 폐경 이후 증상은 호전되지만, 주기적 호르몬 치료를 받을 경우에는 증상이 재발될 수 있다.

위험 및 예후 요인

환경적. 월경전불쾌감장애의 발현과 관련된 환경 요인은 스트레스, 대인관계와 관련된 외상 과거력, 계절 변화, 일반적인 여성 성행동에 대한 사회문화적 측면, 그리고 특정한 여성 성역할이 포함된다.

유전적 · 생리적. 월경전불쾌감장애의 유전 가능성은 알려져 있지 않다. 그러나 월경 전 증상의 경우 유전 가능성의 추정치가 30~80%에 이르며, 월경 전 증상 중 지속성이 있는 요소들은 약 50%에서 유전이 가능하다.

경과의 변경 인자. 경구 피임약을 복용하는 여성은 그렇지 않은 여성보다 월경 전 불편감 호소가 덜하다.

문화와 관련된 진단적 쟁점

월경전불쾌감장애는 문화적 측면을 지닌 증후군은 아니며, 미국, 유럽, 인도, 그리고 아시아의 여성들에서 관찰된다. 인종 간에 비율 차이가 존재하는지는 확실치 않다. 그럼에도 증상의 빈도, 강도, 발현과 도움을 요청하는 양상은 의미 있는 수준에서 문화적 영향을 받는다.

진단적 표지자

앞서 언급한 것처럼, 월경전불쾌감장애의 진단은 연속적인 2회의 주기 동안 전향적인 일일평가에 의해 확진된다. 심각도 일일 평가서Daily Rating of Severity of Problems 및 월경 전 기분 증상에 대한 시각 아날로그 척도Visual Analogue Scales for Premenstrual Mood Symptoms를 포함한 여러 척도는 유효성이 입증되었고, 월경전불쾌감장애에 대한 임상 실험에서 흔히 사용되는 도구다. 월경 전 긴장증후군 평가척도Premenstrual Tension Syndrome Rating Scale는 자기보고 및 관찰자용이 있다. 이 역시 유효성이 입증되었고, 월경전불쾌감장애 여성들에서 질환의 심각도 측정에 널리 쓰이고 있다.

월경전불쾌감장애의 기능적 결과

증상은 임상적으로 의미 있는 현저한 고통이 수반되어야 하고, 월경 전 주에 사회적 혹은 직업적으로 기능할 수 있는 능력에 현저한 손상이 있어야 한다. 사회적 기능의 손상은 부부간의 불화나 자녀들, 다른 가족구성원 또는 친구들과의 문제 등으로 나타날 수 있다. 만성적인 결혼 및 직업 문제를 월경전불쾌감장애에서 발생하는 기능이상과 혼동해서는 안 된다.

감별진단

월경전증후군. 월경전증후군premenstrual syndrome은 최소한의 5가지 주요 증상이 필수적이지 않으며, 정동 증상의 조건이 없다는 점에서 월경전불쾌감장애와 다르다. 월경전증후군의 추정 유병률은 다양하지만, 월경전불쾌감장애보다 더 흔할 것이다. 월경전증후군의 증상 발현도 월경 전 주기에 나타나지만, 월경전불쾌감장애보다는 일반적으로 그 심각도가 덜한 것으로 여겨진다. 월경주기 전에 필수

정동 증상 없이 신체 혹은 행동 증상만 존재한다면, 이는 월경전불쾌감장애보다는 월경전증후군의 진단을 충족시킬 가능성이 더 높다.

월경통. 월경통dysmenorrhea은 월경 시에 통증이 발생하는 것으로 정동 변화를 특징으로 하는 증후군과는 구별된다. 더욱이, 월경통은 월경 시작과 함께 발생하지만, 월경전불쾌감장애의 증상은 월경 시작 후 수일까지는 남아 있을 수 있지만 월경 시작 전에 발생한다는 점에서 구별된다.

양극성장애, 주요우울장애 및 지속성 우울장애(기분저하증). 양극성장애, 주요우울장애 혹은 지속성 우울장애가 있는(자연적으로 발생하였거나 물질/약물치료로 유발된) 많은 여성은 자신에게 월경전불쾌감장애가 있다고 믿는다. 그러나 그들이 증상을 기록해 보면 자신의 증상이 월경 전 주기를 따르지 않는다는 것을 깨닫게 된다. 기타 정신질환이 있는 여성들은 월경주기와 관련이 없는 만성적 혹은 간헐적 증상을 경험할 것이다. 그러나 월경을 시작한다는 것은 여성들에게 기억할 만한 사건으로 여겨지기 때문에, 그들은 증상이 월경주기 전에만 발생하거나 월경주기 전에 악화된다고 호소할 수 있다. 이러한 점이 전향적인 일일평가로 증상을 확진해야 한다는 근거 중 하나다. 특히 임상가가 증상에 대한 후향적 평가에만 의존한다면, 월경전불쾌감장애의 증상과 다른 질환의 증상이 겹칠 수 있으므로 감별진단 과정은 한층 더 어려워질 수 있다. 이처럼 증상이 겹치는 것은 특히 월경전불쾌감장애를 주요우울장애, 지속성 우울장애, 양극성장애, 그리고 경계성 성격장애와 구별할 때 두드러진다. 그러나 월경전불쾌감장애가 있는 경우, 성격장애의 비율은 월경전불쾌감장애가 없는 사람들에 비해 높지 않다.

호르몬 치료. 심각도에서 고도의 월경 전 증상을 보이는 여성들은 피임약을 포함한 호르몬 치료를 받고 있을 수 있다. 만약 증상이 외인적 호르몬 치료를 시작한 이후에 발생했다면, 증상은 근본적인 월경전불쾌감장애보다는 호르몬 치료에서 기인한 것일 수 있다.

동반이환

월경전불쾌감장애가 있는 경우, 가장 흔히 보고되는 선행 질환은 주요우울 삽화다. 광범위한 의학적 상태(예, 편두통, 천식, 알레르기, 발작장애) 또는 기타 정신질환(예, 우울 및 양극성 장애, 불안장애, 신경성 폭식증, 물질사용장애)은 월경주기 전에 악화될 수 있다. 그러나 월경이 끝난 시기에 증상이 없는 기간이 있어야 한다는 조건을 만족시키지 않으므로 월경전불쾌감장애의 진단을 배제할 수 있다. 이러한 경우는 현재 앓고 있는 정신 또는 내과적 장애가 월경주기 전에 악화된 것으로 잘 설명할 수 있다. 다른 정신 또는 내과적 장애가 월경주기 전에만 악화되는 양상을 보인다고 해서 이를 월경전불쾌감장애로 진단하기는 어렵지만, 그 증상과 기능의 변화가 월경전불쾌감장애의 특징을 보이고 다른 장애에서 나타나는 증상과 현저히 다르다면 월경전불쾌감장애를 부가적 진단으로 고려할 수 있다.

물질/약물치료로 유발된 우울장애

Substance/Medication-Induced Depressive Disorder

진단기준

A. 현저하고 지속적인 기분장애가 우세하고 우울 기분이나, 거의 또는 모든 일상활동에 대해 흥미나 즐거움의 뚜렷한 저하를 보인다.

B. 병력, 신체검진 또는 검사 소견에 (1)과 (2) 둘 다의 증거가 있다.

1. 진단기준 A의 증상이 물질중독이나 물질금단 동안 혹은 직후에, 혹은 치료약물 노출 후에 발생
2. 수반된 물질/치료약물이 진단기준 A의 증상을 일으킬 만한 능력이 있음

C. 장해가 물질/약물치료로 유발된 것이 아닌 우울장애로 더 잘 설명되지 않는다. 독립적인 우울장애라는 증거로 다음이 포함될 수 있다. 증상이 물질/치료약물 사용 시작보다 선행한다. 증상이 급성 금단 혹은 심한 중독의 중단 이후에도 상당한 기간(예, 약 1개월) 계속된다. 혹은 물질/약물치료로 유발된 것이 아닌 독립적인 우울장애의 다른 증거(예, 재발성 비물질/치료약물 관련 삽화의 병력)가 있다.

D. 장해가 섬망의 경과 중에만 발생하지는 않는다.

E. 장해가 사회적, 직업적, 또는 다른 중요한 기능 영역에서 임상적으로 현저한 고통이나 손상을 초래한다.

주의점: 이 진단은 진단기준 A의 증상이 임상 양상에서 두드러지고 임상적 주목을 보증할 정도로 충분히 심할 때에만 물질중독이나 물질금단의 진단 대신에 내려져야 한다.

부호화 시 주의점: [특정 물질/약물치료]로 유발된 우울장애에 대한 ICD-9-CM과 ICD-10-CM 부호는 다음 표에 제시되어 있다. ICD-10-CM 부호는 동일 종류의 물질에 대한 물질사용장애의 동반이환 여부에 따라 달라진다는 점에 주의한다. 만약 경도의 물질사용장애가 물질로 유발된 우울장애와 동반이환된다면, 4번째 자리의 글자는 "1"이고, 임상가는 물질로 유발된 우울장애 앞에 "경도 [물질]사용장애"를 기록해야 한다(예, 경도 코카인사용장애, 코카인으로 유발된 우울장애 동반). 만약 중등도 또는 고도 물질사용장애가 물질로 유발된 우울장애와 동반이환된다면, 4번째 자리의 글자는 "2"이고, 임상가는 동반이환하는 물질사용장애의 심각도에 따라 "중등도 [물질]사용장애 또는 고도 [물질]사용장애"를 기록해야 한다. 만약 동반이환하는 물질사용장애가 없다면(예, 1회의 심한 물질 사용 후), 4번째 자리의 글자는 "9"이며 임상가는 물질로 유발된 우울장애만을 기록해야 한다.

		ICD-10-CM		
	ICD-9-CM	사용장애 경도	사용장애 중등도 또는 고도	사용장애 없음
알코올	291.89	F10.14	F10.24	F10.94
펜시클리딘	292.84	F16.14	F16.24	F16.94
기타 환각제	292.84	F16.14	F16.24	F16.94
흡입제	292.84	F18.14	F18.24	F18.94
아편계	292.84	F11.14	F11.24	F11.94
진정제, 수면제 또는 항불안제	292.84	F13.14	F13.24	F13.94
암페타민(또는 기타 자극제)	292.84	F15.14	F15.24	F15.94
코카인	292.84	F14.14	F14.24	F14.94
기타(또는 미상의) 물질	292.84	F19.14	F19.24	F19.94

다음의 경우 명시할 것(물질 종류와 연관된 진단을 위해서는 "물질관련 및 중독 장애" 장의 표 1을 참조할 것):

중독 중 발병: 기준이 물질중독에 맞고, 증상이 중독 동안에 발생하는 경우

금단 중 발병: 기준이 물질금단에 맞고, 증상이 금단 동안 혹은 금단 직후 발생하는 경우

기록절차

ICD-9-CM. 물질/약물치료로 유발된 우울장애의 명칭은 우울 증상의 원인으로 가정되는 특정 물질(예, 코카인, 덱사메타손[dexamethasone])로 시작한다. 진단부호는 진단기준 세트에 포함된 표에서 선택되며, 이 진단기준은 약물 종류에 기초한 것이다. 어느 종류에도 부합하지 않는 약물(예, 덱사메타손)의 경우, "기타 물질"을 위한 부호를 사용해야 한다. 물질이 병인이라고 여겨지나 물질의 특정 종류를 알 수 없는 경우에는 "미상의 물질" 범주를 사용해야 한다. 장애명 뒤에는 발병에 대한 명시사항이 뒤따른다(예, 중독 중 발병, 금단 중 발병). 물질로 유발된 장애와 물질사용장애를 결합한 ICD-10-CM의 기록절차와는 달리, ICD-9-CM에서는 물질사용장애에 별도의 진단부호가 부여된다. 예를 들어, 고도 코카인사용장애가 있는 사람이 금단 상태에서 우울 증상을 보이는 경우, 진단은 292.84 코카인으로 유발된 우울장애, 금단 중 발병이다. 추가 진단으로 304.20 고도 코카인사용장애 역시 부여된다. 한 가지 이상의 물질이 우울 기분의 발생에 상당한 역할을 한 것으로 여겨지는 경우, 각각이 모두 별도로 나열되어야 한다(예, 292.84 메틸페니데이트로 유발된 우울장애, 금단 중 발병, 292.84 덱사메타손으로 유발된 우울장애, 중독 중 발병).

ICD-10-CM. 물질/약물치료로 유발된 우울장애의 명칭은 우울 증상의 원인으로 가정되는 특정 물질(예, 코카인, 덱사메타손)로 시작한다. 진단부호는 진단기준 세트에 포함된 표에서 선택되며, 이 표는 약물 종류와 동반된 물질사용장애의 유무에 기초한 것이다. 어느 부류에도 적합하지 않은 약물(예, 덱사메타손)의 경우, "기타 물질"을 위한 부호가 사용되어야 한다. 물질이 병인이라고 여겨지나 물질의 특정 부류를 알 수 없는 경우에는 "미상의 물질" 범주를 사용해야 한다. 장애명을 기록할 때는 동반 물질사용장애를(있다면) 먼저 기재하고, 이어서 '동반[with]'이라는 단어와 함께 물질로 유발된 우울장애의 명칭이 뒤따르며, 그다음으로 발병에 대한 명시사항(예, 중독 중 발병, 금단 중 발병)을 적는다. 예를 들어, 고도 코카인사용장애가 있는 사람에서 금단 상태에서 발병한 우울 증상의 진단은 F14.24 고도 코카인사용장애, 코카인으로 유발된 우울장애 동반, 금단 중 발병이다. 동반된 고도 코카인사용장애에 대한 별도의 진단은 부여되지 않는다. 만약 물질로 유발된 우울장애가 동반된 물질사용장애 없이 일어난 경우라면(예, 1회의 심한 물질 사용 후), 부수적인 물질사용장애는 기록되지 않는다(예, F16.94 펜시클리딘으로 유발된 우울장애, 중독 중 발병). 한 가지 이상의 물질이 우울 증상의 발생에 상당한 역할을 한 것으로 여겨지는 경우, 각각을 모두 별도로 나열해야 한다(예, F15.24 고도 메틸페니데이트사용장애, 메틸페니데이트로 유발된 우울장애 동반, 금단 중 발병, F19.94 덱사메타손으로 유발된 우울장애, 중독 중 발병).

진단적 특징

물질/약물치료로 유발된 우울장애의 진단적 특징으로는 주요우울장애와 같은 우울장애의 증상들이 포함된다. 그러나 우울 증상은 물질(예, 남용약물, 독소, 향정신성 치료약물, 기타 치료약물)의 섭취, 주입, 흡입과 연관되며, 예상되는 생리적 영향, 중독 또는 금단 기간 이상으로 지속된다. 병력, 신체검진, 또는 검사 소견에 근거하여 우울장애를 유발할 수 있는 물질 사용 후 1개월 이내에 발병하여야 한다(진단기준 B1). 또한 진단은 독립적인 우울장애로 잘 설명되지 않아야 한다. 우울장애가 물질 섭취나 금단 상태보다 선행하는 경우, 우울장애가 물질 사용을 중단한 이후에도 상당 기간 지속되는 경우, 또는 물질/약물치료로 유발되지 않은 우울장애가 독립적으로 존재할 경우, 독립적인 우울장애의 근거가 된다(진단기준 C). 증상이 섬망의 경과 중에만 발생하는 경우에는 진단할 수 없다(진단기준 D). 물질의 사용, 중독, 금단과 관련된 우울장애는 사회적, 직업적, 또는 다른 중요한 기능 영역에서 임상적으로 현저한 고통이나 손상을 초래해야 한다(진단기준 E).

일부 약물(예, 자극제, 스테로이드, 엘도파$^{L\text{-}dopa}$, 항생제, 중추신경계 약물, 피부과 약물, 화학요법 약물, 면역학적 약물)은 우울 기분 장해를 유발할 수 있다. 치료약물이 실제로 우울 증상을 일으키는 데 연관된 것인지, 원발성 우울장애가 치료를 받는 동안 발병한 것인지 임상적으로 반드시 판단해야 한다. 예를 들어, 주요우울장애의 과거력이 없으면서 알파-메틸도파alpha-methyldopa(항고혈압제) 사용 후 첫 수 주 이내로 나타난 우울 삽화는 약물치료로 유발된 우울장애를 진단할 수 있다. 경우에 따라서는 과거에 발생했던 상태(예, 주요우울장애, 재발성)가 우울 증상을 유발할 수 있는 약(예, 엘도파, 경구 피임약)을 복용하는 도중에 재발할 수 있다. 이 경우, 임상가는 이러한 특별한 상황에서 치료약물이 원인이 되었는지의 여부를 판단해야 한다.

물질/약물치료로 유발된 우울장애는 발병 시기, 경과, 그리고 물질 사용과 관련된 기타 요인을 고려하여 원발성 우울장애와 감별해야 한다. 병력, 신체검진, 또는 우울장애의 발병에 선행하는 물질의 사용, 남용, 중독, 또는 금단 상태에서의 검사실 검사로부터 근거를 얻어야만 한다. 어떤 물질에 대한 금단 상태는 상대적으로 오래 지속될 수 있으며, 그에 따라 중등도의 우울 증상도 물질 사용을 중단한 이후 오랜 기간 지속될 수 있다.

유병률

미국 성인 인구에서 물질/약물치료로 유발된 우울장애의 평생 유병률은 0.26%다.

발달과 경과

물질 사용(예, 알코올, 불법 약물, 정신질환이나 다른 의학적 상태의 치료제)과 관련된 우울장애는 물질 사용 도중이나 물질과 관련된 금단 증후군이 있다면, 금단기간에 발병해야만 한다. 대부분의 우울장애는 흔히 물질 사용의 첫 수 주 이내 또는 1개월 이내로 발병한다. 일단 물질 사용이 중단되면, 우울 증상은 물질/약물치료의 반감기와 금단 증후군의 유무에 따라 보통 수일에서 수 주 이내로 관해된다. 만약 증상들이 특별한 물질/약물치료로 예상되는 금단기간을 넘어서 4주 이상 지속된다면, 우울 증상을 일으키는 다른 원인들을 고려해 보아야 한다.

치료약물 사용과 우울 증상의 관련성을 연구한 몇몇 선행적 통제연구가 있지만, 시판 후 조사연구, 후향적 관찰연구, 사례연구로부터 도출된 많은 결과가 인과관계를 증명하는 근거가 된다. 약물치료로 유발된 우울장애와 관련된 물질로는 항바이러스제(에파비렌즈efavirenz), 심혈관 치료약물(클로니딘clonidine, 구아네티딘guanethidine, 메틸도파methyldopa, 레세르핀reserpine), 레티노익산 유도체retinoic acid derivatives(이소트레티노인isotretinoin), 항우울제, 항경련제, 편두통 약물(트립탄triptans), 항정신병 약물, 호르몬제(코르티코스테로이드, 경구 피임약, 생식샘분비자극호르몬분 비호르몬작용제, 타목시펜tamoxifen), 금연약물(바레니클린varenicline), 면역학적 약물(인터페론interferon) 등이 있다. 그러나 계속해서 약물치료로 유발된 우울장애를 일으킬 수 있는 많은 물질이 새로 합성되고 있다. 이러한 물질 사용의 과거력은 진단을 명확히 하는 데 도움을 준다.

위험 및 예후 요인

기질적. 물질/약물치료로 유발된 우울장애의 위험을 높이는 요인은 특정 종류의 약물과 관련이 있거나 기저 질환으로 알코올사용장애 또는 약물사용장애가 있는 집단과 관련이 있을 수 있다. 모든 약물과 관련된 흔한 위험요인으로는 주요우울장애 병력, 약물로 유발된 우울증 병력, 심리사회적 스트레스다.

환경적. 위험요인으로는 특정 종류의 치료약물(예, 인터페론-알파로 유발된 우울장애와 관련된 C형 간염 치료에 선행하는 면역 활성화의 증가), 고용량(프레드니손-등가로 80mg/일 이상)의 코르티코스테로이드 또는 높은 혈장 농도의 에파비렌즈, 그리고 높은 에스트로겐/프로게스테론을 함유한 경구 피임약이 있다.

경과의 변경인자. 대표적인 미국 성인인구에 있어서, 물질사용장애를 동반하지 않는 주요우울장애가 있는 경우와 비교할 때, 물질로 유발된 우울장애가 있는 경우는 남성, 흑인, 고졸, 무보험, 그리고 낮은 가족 수입을 보였다. 또한 이들은 더 높은 물질사용장애와 반사회적 행동의 가족력, 1년간 더 많은 스트레스를 경험한 과거력, 그리고 다수의 DSM-IV 주요우울장애 진단기준을 충족시키는 증상들을 보였다. 이들은 무가치감, 불면/과다수면, 그리고 죽음에 대한 생각과 자살시도를 보고할 가능성이 더 높았으나, 우울 기분, 18세 이전 부모 사망을 보고할 가능성은 낮았다.

진단적 표지자

물질 사용 여부는 혈액이나 소변에서 표지자를 통해 알 수 있으며, 정확한 진단을 하는 데 도움이 된다.

자살 위험

기존의 생각과 행동에서 크게 변화된 약물로 유발된 또는 응급치료가 필요한 자살 경향성은 대개 약물치료의 시작과 관련이 있으며 기저의 원발성 정신질환과 구별해야 한다.

항우울제와 관련된 응급치료가 필요한 자살 경향성에 관해서 미국 FDA 자문 위원회는 9만 9,839명의 참가자 중 372명을 대상으로 정신질환에서 항우울제에 관한 무작위 임상실험에 대한 메타분석을 실시하였다. 분석 결과, 모든 성인 연령집단에서 유의하게 증가된 자살행동이나 자살사고가 나타나지는 않았다. 그러나 연령별 연구에서 18~24세 환자 집단은 심각한 정도는 아니지만, 위험도가 높은 편이었다(오즈비[OR]=1.55; 95% 신뢰구간[CI]=0.91-2.70). FDA 메타연구에서 항우울제를 복용하는 환자들의 절대적 자살 위험률은 0.01%로 나타났다. 결론적으로, 자살은 응급치료가 필요한 극히 드문 현상이다. 그렇지만 2007년 FDA가 항우울제 복용 환자들에 대해 응급치료가 필요한 자살사고 여부를 주의 깊게 관찰하도록 블랙박스 경고문을 확대·발행할 정도로 자살의 결과는 심각하다.

감별진단

물질중독 및 금단. 우울 증상들은 물질중독과 물질금단에서 흔히 일어나고, 특정 물질 중독 또는 금단은 대개 증상 양상으로 충분히 진단 내릴 수 있다. 기분 증상이 임상적으로 주의해야 할 만큼 충분히 심한 경우, 물질중독이나 물질금단 대신 물질로 유발된 우울장애로 진단해야 한다. 예를 들어, 불쾌 기분은 코카인 금단의 대표적 특징이다. 물질/약물치료로 유발된 우울장애는 기분장해가 보통의 코카인 중독보다 더 심하고 오래 지속되는 경우와 별도의 주의와 치료가 필요할 만큼 심각할 경우에 한해서 코카인 금단 대신 진단할 수 있다.

원발성 우울장애. 물질/약물치료로 유발된 우울장애는 앞서 언급한 것처럼(이 장애의 "발달과 경과" 참조) 원발성 우울장애와 달리 물질이 증상과 관련된 원인으로 판명된다.

다른 의학적 상태로 인한 우울장애. 기타 의학적 상태가 발병된 경우, 이로 인해 흔히 치료약물을 복용한다. 이러한 점에서 임상가는 치료약물보다는 의학적 상태의 생리적 결과에 의해 야기된 기분 증상의 가능성을 고려해야 한다. 이 경우, 다른 의학적 상태로 인한 우울장애로 진단해야 한다. 과거력은 흔히 이러한 판단의 일차적 근거가 된다. 때로 기타 의학적 상태에서 치료에서의 변화(예, 치료약물의 치환 또는 중단)가 치료약물이 원인인지의 여부를 결정하기 위해 필요하다. 만약 장애가 다른 의학적 상태로 인한 것인지 물질 사용 또는 금단에 의한 것인지 확신할 수 없는 경우, 임상가는 두 진단(예, 다른 의학적 상태로 인한 우울장애와 물질/약물치료로 유발된 우울장애) 모두 내릴 수 있다. 만약 우울 증상이 물질(치료약물 포함) 사용 또는 금단과 관련된 것인지, 다른 의학적 상태에 관련된 것인지, 또는 원발성(예, 물질이나 다른 의학적 상태로 인한 것이 아닌)인 것인지 결정하기에 근거가 충분하지 않다면, 달리 명시된 우울장애 또는 명시되지 않는 우울장애로 진단할 수도 있다.

동반이환

물질/약물치료로 유발된 우울장애는 물질사용장애를 동반하지 않는 주요우울장애보다 모든 DSM-IV 정신질환을 더 동반한다. 특히 DSM-IV 장애 중 병적 도박,

편집성(망상성) 성격장애, 히스테리성 성격장애, 그리고 반사회성 성격장애를 더 동반하는 반면, 지속성 우울장애(기분부전증)는 덜 동반한다. 물질/약물치료로 유발된 우울장애는 물질사용장애를 동반한 주요우울장애보다 알코올사용장애, 모든 기타 물질사용장애, 그리고 연극성 성격장애를 더 동반하는 반면, 지속성 우울장애는 덜 동반한다.

다른 의학적 상태로 인한 우울장애
Depressive Disorder Due to Medical Condition

진단기준

A. 현저하고 지속적인 우울 기분 또는 모든 활동이나 거의 모든 활동에서 현저하게 감소된 흥미나 즐거움이 임상 양상에서 우세하다.

B. 장해가 다른 의학적 상태의 직접적인 병태생리학적 결과임을 지지하는 병력, 신체검진, 또는 검사 소견이 있다.

C. 장해가 다른 정신질환으로 더 잘 설명되지 않는다(예, 스트레스 요인이 심한 의학적 상태인 우울 기분 동반 적응장애).

D. 장해가 섬망의 경과 중에만 발생하지는 않는다.

E. 장해가 사회적, 직업적, 또는 다른 중요한 기능 영역에서 임상적으로 현저한 고통이나 손상을 초래한다.

부호화 시 주의점: 다른 의학적 상태로 인한 우울장애의 ICD-9-CM 부호는 293.83이며, 이는 명시자에 무관하다. ICD-10-CM 부호는 명시자에 의한다(다음을 참조할 것).

다음의 경우 명시할 것:

(F06.31) **우울 양상 동반:** 주요우울 삽화의 진단기준을 완전히 충족하지 않는다.

(F06.32) **주요우울 유사 삽화 동반:** 주요우울 삽화의 진단기준(진단기준 C 제외)을 모두 충족한다.

(F06.34) **혼재성 양상 동반:** 조증이나 경조증 증상을 보이나 임상 양상에서 두드러지지는 않는다.

부호화 시 주의점: 정신질환의 진단에 기타 의학적 상태의 구체적인 진단명이 포함된다(예, 293.83 [F06.31] 갑상선기능저하증으로 인한 우울장애, 우울 양상 동반). 기타 의학적 상태에 관한 진단명은 그 의학적 상태로 인한 우울장애 바로 앞에 따로 진단부호와 함께 열거되어야

한다(예, 244.9 [E03.9] 갑상선기능저하증; 293.83 [F06.31] 갑상선기능저하증으로 인한 우울장애, 우울 양상 동반).

진단적 특징

다른 의학적 상태로 인한 우울장애는 필수 증상으로, 현저하고 지속적인 우울 기분 또는 모든 활동이나 거의 모든 활동에서 현저하게 감소된 흥미나 즐거움이 임상 양상에서 우세하고(진단기준 A), 다른 의학적 상태의 직접적인 생리적 영향과 관련된다(진단기준 B). 기분장해가 일반적인 의학적 상태로 인한 것인지의 여부를 결정하기 위해 임상가는 일단 일반적인 의학적 상태의 유무를 확립해야 한다. 더 나아가서, 임상가는 일반적인 의학적 상태가 생리적 기전을 통해 기분장해의 원인이 될 수 있는지를 판단해야 한다. 이를 위해 다수의 요인에 대한 주의 깊고 포괄적인 평가가 필요하다. 비록 기분장해와 일반적인 의학적 상태 사이의 인과관계 여부를 결정하기 위한 절대적인 지침은 없지만, 몇 개의 지침을 고려해 볼 수 있다. 첫째, 일반적인 의학적 상태와 기분장해의 발병, 악화, 관해 사이에 시간적 관련성이 존재한다는 것을 고려해 볼 수 있다. 둘째, 원발성 기분장애에 비전형적인 양상(예, 비전형적인 발병연령, 경과 또는 가족력의 부재)이 존재한다는 것이다. 일반적인 의학적 상태와 기분 증상 사이의 직접적인 관련성을 보여 주는 문헌 연구는 특정한 상황에서 평가 시 유용한 근거를 제공할 수 있다.

진단을 뒷받침하는 부수적 특징

병인론(임상적 근거를 바탕으로 인과관계가 있는 다른 의학적 상태)이 다른 의학적 상태로 인한 우울장애의 중요한 변수다. 주요우울장애를 유발할 수 있는 의학적 상태는 아직 모두 밝혀지지 않았고, 임상가의 적절한 판단이 진단에 필수적이다.

신경해부학적 일치성 외에도 우울장애는 뇌졸중, 헌팅턴병, 파킨슨병, 외상성 뇌손상과 분명한 관계가 있다. 우울장애와 가장 가깝게 관련이 있는 신경내분비적 상태는 쿠싱병Cushing's disease과 갑상선기능저하증이다. 다발성 경화증 외에도 우울장애와 관련된 수많은 기타 의학적 상태가 있다. 그러나 어떤 연구는 파킨슨병과 헌팅턴병과 같은 일부 상태가 다른 상태보다 더 관계가 크다는 것을 보여 준다. 이 경우, 우울 기분 동반 적응장애와 감별해야 한다.

발달과 경과

많은 경우, 뇌졸중 후 나타나는 우울장애는 뇌혈관 손상 후 하루 또는 수일 내로 발병하는 급성 경과를 보인다. 그러나 일부에서 우울장애는 뇌혈관 손상 후 수 주에서 수개월 이후 발병한다. 많은 경우, 뇌졸중 이후 발생한 주요우울 삽화의 평균 지속기간은 9~11개월이다. 이와 유사하게, 헌팅턴병에서 우울 상태는 병의 경과 중 매우 빠르게 나타난다. 파킨슨병과 헌팅턴병의 경우, 우울 상태는 흔히 운동 손상이나 인지 손상보다 선행된다. 이는 헌팅턴병에서 더 두드러지는데, 우울증이 최초의 신경정신과적 증상으로 고려된다. 헌팅턴병의 치매가 진행될수록, 우울증이 덜 흔하다는 일부 객관적 증거가 있다.

위험 및 예후 요인

뇌혈관 손상(손상 후 1일부터 일주일 이내) 후 나타나는 주요우울장애의 급성 발병 위험도는 병변의 위치와 밀접한 관련이 있다. 즉, 좌측 전두엽 뇌졸중이 뇌졸중 후 수일 내에 주요우울장애가 발병할 위험이 가장 높고 우측 전두엽이 가장 낮다. 전두엽과 편측성의 관련성은 뇌졸중 후 2~6개월 내에 일어나는 우울 상태에서는 관찰되지 않는다.

성별과 관련된 진단적 쟁점

의학적 상태와 관련해서 성별에 따라 차이가 있다(예, 전신홍반성낭창은 여성에서 더 흔하고, 뇌졸중은 여성보다 중년 남성에게서 약간 더 흔함).

진단적 표지자

의학적 상태와 관련된 진단적 표지자가 있다(예, 쿠싱병은 조증 또는 우울증과 관련이 있을 수 있고, 혈액 또는 소변 스테로이드 농도가 확진에 도움을 줌).

자살 위험

일반적인 주요우울 삽화와 다른 의학적 상태로 인한 주요우울 삽화의 자살 위험도를 비교한 역학적 연구는 없다. 다른 의학적 상태와 연관된 주요우울 삽화와 관련하여 자살 사례 보고들이 있다. 중증 의학적 질환에서 특히 질환의 발병 또는 진단 직후는 자살과 분명한 관련성이 있다. 그러므로 의학적 상태와 관련된 주요우울 삽화의 자살위험도는 다른 형태의 주요우울 삽화보다 낮지 않으며 더 높을 수 있다.

다른 의학적 상태로 인한 우울장애의 기능적 결과

기능적 결과는 의학적 상태와 관련된 우울장애와 연관되어 있다. 확립되지는 않았지만, 일반적으로 쿠싱병으로 유발된 주요우울 삽화는 만약 쿠싱병이 완치되거나 억제되면 재발하지 않는 것으로 생각된다. 그러나 확립되지는 않았지만 고정적인 뇌손상이나 기타 중추신경계 질환이 있는 경우, 우울증과 조증/경조증을 포함한 기분증후군이 간혹 발생할(즉, 재발할) 수도 있다.

감별진단

다른 의학적 상태로 인한 것이 아닌 우울장애. 우울장애를 동반하는 의학적 상태의 여부는 ① 의학적 상태의 발병에 선행하는 우울 삽화의 부재, ② 관련된 의학적 상태가 우울장애를 촉진시키거나 야기할 수 있는 가능성, 그리고 ③ 의학적 상태의 발병 또는 악화 즉시 우울 증상이 나타나고, 특히 우울 증상이 의학적 장애가 효과적으로 치료된 시간과 비슷하게 관해가 되는 경과에 따라 결정된다.

약물치료로 유발된 우울장애. 중요한 주의점으로, 몇 가지 의학적 질환은 약물치료를 하는데(예, 스테로이드 또는 알파-인터페론), 이들은 우울증 또는 조증 증상을 유발할 수 있다. 이런 사례들에서 가능한 모든 증거를 통해 2가지 원인(예, 의학적 질환과의 관련성 대 물질로 유발된 증후군) 중 무엇이 가장 원인이 될 만한지 또는 무엇이 가장 중요할지 임상적 판단을 내리는 것이 가장 중요하다.

적응장애. 적응장애로 인한 우울 삽화를 구별하는 것이 중요한데, 의학적 질환의 발생은 그 자체로서 적응장애 또는 주요우울장애의 삽화를 유발할 수 있는 삶의 스트레스 요인이다. 중요한 감별요소는 정신상태검사에서 환자가 보고하는, 또는 나타나는 우울 증상의 광범위한 침투성과 우울 증상의 질이다. 연관된 의학적 질환에 대한 감별진단 역시 의의가 있으나, 이 편람의 범위를 크게 벗어난다.

동반이환

다른 의학적 상태로 인한 우울장애와 동반이환된 질환은 병인론적 관련성이 있는 의학적 상태들이다. 섬망이 쿠싱병과 같은 다양한 의학적 질환을 가진 환자에게서 우울 증상과 함께 또는 전구기 증상으로 발생할 수 있다는 사실이 알려져 있다. 불안 증상은 보통 일반화된 증상으로서, 우울장애에서 원인과 관계없이 흔하게 나타난다.

달리 명시된 우울장애

Other Specified Depressive Disorder

311 (F32.8)

이 범주는 사회적, 직업적, 또는 다른 중요한 기능 영역에서 임상적으로 현저한 고통이나 손상을 일으키는 우울장애의 특징적인 증상들이 두드러지지만, 우울장애의 진단부류에 속한 장애 중 어느 것에도 완전한 기준을 만족하지 않는 발현 징후들에 적용된다. 달리 명시된 우울장애 범주는 발현 징후가 어떤 특정 우울장애의 기준에 맞지 않은 특정한 이유에 대해 소통하기 위해 임상가가 선택한 상황들에서 사용된다. 이는 "달리 명시된 우울장애"를 기록하고, 이어서 특정한 이유(예, "단기 우울 삽화")를 기록한다.

"달리 명시된"이라는 지정 문구를 사용해 분류할 수 있는 발현 징후들의 예는 다음과 같다.

1. **반복성 단기 우울증:** 2~13일간 지속되는 우울 기분 양상이 다른, 적어도 4개 이상의 우울 증상과 함께, 1개월에 최소 1회 이상(월경주기와 연관성이 없어야 한다), 적어도 연속된 12개월 이상 나타나고, 다른 우울장애 또는 양극성장애의 진단을 단 1회도 만족시키지 않아야 하며, 현재 어떤 정신병적 장애의 활성기 또는 잔류기 증상을 만족시키지 않아야 함
2. **단기 우울 삽화(4~13일):** 우울한 정동 및 주요우울 삽화 8개의 증상 중 최소 4개의 증상이 임상적으로 현저한 고통이나 손상과 연관되어 나타나고, 4일 이상 14일 미만으로 지속되며, 다른 우울장애 또는 양극성장애의 진단을 단 1회도 만족시키지 않아야 하고, 현재 어떤 정신병적 장애의 활성기 또는 잔류기 증상을 만족시키지 않아야 하며, 반복성 단기 우울증의 진단기준도 만족시키지 않아야 함
3. **불충분한 증상 동반 우울 삽화:** 우울한 정동 및 주요우울 삽화 8개의 증상 중 최소 1개의 증상이 임상적으로 현저한 고통이나 손상과 연관되어 최소 2주 동안 지속되어 나타나고, 다른 우울장애 또는 양극성장애의 진단을 단 1회도 만족시키지 않아야 하며, 현재 어떠한 정신병적 장애의 활성기 또는 잔류기 증상을 만족시키지 않아야 하고, 불안우울혼합장애 증상의 기준을 만족시키지 않아야 함

명시되지 않는 우울장애

Unspecified Depressive Disorder

311 (F32.9)

이 범주는 사회적, 직업적, 또는 다른 중요한 기능 영역에서 임상적으로 현저한 고통이나 손상을 일으키는 우울장애의 특징적인 증상들이 두드러지지만, 우울장애의 진단 부류에 속한 장애 중 어느 것에도 완전한 기준을 만족하지 않는 발현 징후들에 적용된다. 명시되지 않는 우울장애 범주는 기준이 특정 우울장애의 기준에 맞지 않은 이유를 명시할 수 없다고 임상가가 선택한 상황들에서 사용되며, 좀 더 특정한 진단을 내리기에는 정보가 불충분한(예, 응급실 상황) 발현 징후들을 포함한다.

우울장애의 명시자

Specifiers for Depressive Disorders

다음의 경우 명시할 것:

불안증anxious distress **동반**: 주요우울 삽화 또는 지속성 우울장애(기분저하증)의 대부분의 기간에 다음 중 2가지 이상의 증상을 보인다.

1. 신경이 날카롭거나 긴장되는 느낌
2. 매우 안절부절못함
3. 염려로 인해 집중하기 어려움
4. 무언가 끔찍한 일이 벌어질 것이라는 두려움
5. 자신에 대한 통제력을 잃을 것 같은 느낌

현재의 심각도를 명시할 것:

경도: 2가지 증상

중등도: 3가지 증상

중등도-고도: 4가지 또는 5가지 증상

고도: 불안을 동반한 4가지 또는 5가지 증상

주의점: 일차 진료와 특수 정신건강 분야에서 불안증은 양극성장애 및 주요우울장애에서 주요 양상으로 잘 알려져 있다. 높은 수준의 불안감은 자살 위험도 상승, 긴 이환기간과 치료에 대한 무반응의 가능성 증가와 관련이 있다. 그러므로 치료계획 수립과 치료 반응의 추적관찰을 위해 불안증의 유무와 심각도를 정확하게 세분하는 것이 임상적으로 유용하다.

혼재성 양상 동반:

A. 다음 조증/경조증 증상 중 3가지 이상이 주요우울 삽화의 대부분의 시간 동안 거의 매일 나타남:

1. 비정상적으로 들뜨거나 의기양양한 기분
2. 자존감 증가 또는 과대감
3. 평소보다 말이 많아지거나 끊기 어려울 정도로 계속 말을 함
4. 사고 비약 또는 사고가 질주하듯 빠른 속도로 꼬리를 무는 주관적인 경험
5. 활력 또는 목표 지향적 활동의 증가(직장에서나 학교에서의 사회적 활동, 또는 성적 활동)
6. 고통스러운 결과를 초래할 가능성이 높은 활동에의 지나친 몰두(예, 과도한 쇼핑 등의 과소비, 무분별한 성행위, 또는 어리석은 사업 투자)

7. 수면욕구 감소(예, 평소보다 적게 수면을 취하고도 피로를 회복했다고 느낌, 불면과 구별이 필요)

B. 혼합 증상은 객관적으로 관찰 가능하고 평소의 행동과는 다른 것이다.

C. 조증 또는 경조증의 진단기준을 모두 만족하는 환자에게는 제I형 또는 제II형 양극성장애로 진단해야 한다.

D. 혼합 증상은 물질(예, 남용약물, 치료약물 또는 기타 치료)의 생리적 영향으로 인한 것이 아니다.

주의점: 주요우울 삽화와 연관된 혼재성 양상은 제I형 또는 제II형 양극성장애 발생의 중요한 위험인자로 밝혀졌다. 그러므로 치료계획 수립과 치료 반응에 대한 추적관찰을 위해 혼재성 양상을 정확히 명시하는 것이 임상적으로 유용하다.

멜랑콜리아 양상 동반:

A. 다음 중 한 가지가 최근 삽화의 가장 심한 기간에 나타난다.

1. 모든 또는 거의 모든 활동에서 즐거움 상실
2. 일반적으로 즐거움을 주는 자극에 대한 반응 결여(좋은 일이 있어났을 때, 일시적으로라도 기분 좋게 느끼지 못함)

B. 다음 중 3가지(또는 그 이상):

1. 현저한 낙담, 절망 및/또는 시무룩함 또는 소위 말하는 공허감을 특징적으로 보이는 질적으로 뚜렷한 우울 기분
2. 보통 아침에 더 심해지는 양상의 우울증
3. 아침에 일찍 깸(즉, 평상시 일어나는 시간보다 적어도 2시간 이름)
4. 현저한 정신운동 초조 또는 지연
5. 뚜렷한 식욕부진 또는 체중 감소
6. 과도하거나 부적절한 죄책감

주의점: "멜랑콜리아 양상 동반" 명시자는 이러한 양상이 삽화의 가장 심한 단계에서 나타날 때 적용된다. 즐거움을 느낄 수 있는 능력이 단순히 감소되는 것이 아니라 거의 완전히 상실된다. 기분의 반응성 결여 평가에 있어서 중요한 점은 매우 열망했던 일이 일어나도 기분이 현저히 좋아지지 않는다는 것이다. 기분이 전혀 좋아지지 않거나 부분적으로만 좋아진다(예, 평소의 20~40%까지, 1회에 수 분 동안만 지속됨). "멜랑콜리아 양상 동반" 명시자의 특징이 되는 기분의 "뚜렷한 질"은 멜랑콜리아 양상을 동반하지 않는 우울 삽화 동안 경험되는 기분과는 질적으로 다르다. 우울 기분이 단순히 좀 더 심하고, 오래 지속되거나, 이유 없이 나타난다고 해서 멜랑콜리아 양상이라고 간주하지 않는다. 정신운동의 변화

가 거의 항상 있으며, 타인에 의해서도 관찰 가능하다.

멜랑콜리아 양상은 기분 삽화 때마다 반복하여 나타나는 경향을 보인다. 이러한 양상들은 외래 환자에 비해 입원 환자들에게서 더 빈번하고, 경도의 주요우울 삽화보다 고도의 삽화에서 더 많이 발생하며, 정신병적 양상을 수반한 경우에서 더 많이 발생한다.

비전형적 양상 동반: 이 명시자는 현재 또는 가장 최근의 주요우울 삽화 또는 지속성 우울장애 대부분의 시간 동안 다음의 양상이 두드러질 때 적용할 수 있다.

A. 기분의 반응성(즉, 실제 또는 잠재적인 긍정적 사건에 반응하여 기분이 좋아진다)
B. 다음 양상 중 2가지(또는 그 이상):

1. 뚜렷한 체중 증가 또는 식욕 증가
2. 과다수면
3. 연마비(즉, 팔 또는 다리가 납같이 무거운 느낌)
4. 인간관계에 있어서 오랫동안 지속되는 거절 민감성(기분장해의 삽화에만 국한되지 않은)이 심한 사회적 또는 직업적 손상을 초래한다.

C. 동일한 삽화 동안에 "멜랑콜리아 양상 동반" 또는 "긴장증 동반"의 진단기준을 충족하지 않는다.

주의점: "비전형적 우울증"은 역사적 의미가 있으며(우울증이 외래 환자에서 드물고 청소년이나 초기 성인에서 진단되는 일이 거의 없었던 시대에 일반적으로 나타났던 전형적인 초조함을 보이는 "내인성^endogenous^" 우울증에 대비하여 비전형적이라고 명명함) 오늘날에는 용어의 의미처럼 드물거나 특이한 임상 양상을 뜻하지는 않는다.

기분 반응성^mood reactivity^은 긍정적인 사건들(예, 자녀들의 방문, 다른 사람으로부터의 칭찬)이 있을 때 기분이 좋아질 수 있다는 것이다. 환경적 상태가 양호할 때 기분은 보다 긴 시간 동안 보통 상태(슬프지 않은)가 되기도 한다. 식욕 증가가 음식 섭취의 현저한 증가나 체중 증가로 드러나기도 한다. 과다수면은 적어도 하루에 10시간(또는 우울하지 않을 때보다 적어도 2시간 이상 많다)이나 되는 긴 밤잠이나 낮잠의 시간을 포함한다. 연마비^leaden paralysis^는 흔히 팔이나 다리가 무겁고 둔하며 밑으로 꺼질 것 같은 느낌으로 정의된다. 이는 일반적으로 적어도 하루 1시간 이상 존재하지만 가끔은 1회에 수 시간 동안 지속되기도 한다. 다른 비전형적 양상과는 달리 대인관계에서 병적 수준으로 느끼는 거절에 대한 민감성은 생애 초기에 발생하며, 대부분의 성인기에 지속되는 특성이 있다. 거절에 대한 민감성은 우울할 때와 그렇지 않을 때 모두 발생하지만 우울기간에 악화될 수 있다.

정신병적 양상 동반: 망상 또는 환각이 존재한다.

기분과 일치하는 정신병적 양상 동반: 모든 망상과 환각의 내용이 부족감, 죄책감, 질병, 죽음, 허무주의, 또는 처벌받고 있다는 느낌 등의 전형적인 우울 주제와 일치한다.

기분과 일치하지 않는 정신병적 양상 동반: 망상과 환각의 내용이 부족감, 죄책감, 질병, 죽음, 허무주의, 또는 처벌받고 있다는 느낌 등의 전형적인 우울 주제를 포함하지 않거나, 내용이 기분과 일치하지 않는 주제와 기분과 일치하는 주제의 혼합물로 나타난다.

긴장증 동반: 이 명시자는 삽화 대부분의 기간에 긴장성 양상이 존재한다면, 우울 삽화에 적용될 수 있다. "조현병 스펙트럼 및 기타 정신병적 장애" 장에서 정신질환과 관련된 긴장증의 진단기준을 참조할 것.

주산기 발병 동반: 이 명시자는 기분 증상이 임신기간 중 또는 분만 후 4주 이내에 발병하는 경우에 적용할 수 있다. 제I형 또는 제II형 양극성장애의 현재의 기분 삽화에 적용하거나, 현재 기분 삽화의 진단기준을 만족시키지 않는다면 가장 최근의 조증, 경조증 또는 주요우울 삽화에 적용할 수 있다.

주의점: 기분 삽화는 임신 중 또는 출산 후에 발병할 수 있다. 출산 후 추적관찰의 기간에 따라 추산의 차이가 있지만, 3~6%의 여성에서 임신 중 또는 출산 후 수 주 혹은 수개월 이내에 주요우울장애가 발병한다. "산후" 주요우울 삽화의 50%는 실제로는 분만 전에 시작된다. 그러므로 이러한 삽화들을 총괄하여 주산기 삽화로 일컫는다. 주산기 주요우울 삽화가 있는 여성들은 종종 심한 불안과 심지어 공황발작을 경험한다. 전향적 연구들에서 임신 중 기분 및 불안 증상과 "출산 후 우울"이 출산 후 주요우울 삽화의 위험을 증가시킨다는 보고가 있었다.

주산기 발병 기분 삽화는 정신병적 양상을 포함할 수도 있고 그렇지 않을 수도 있다. 영아 살해^infanticide^는 흔히 영아를 살해하라고 명령하는 환청이나 영아에게 악마가 씌었다는 망상과 관련된 산후 정신병적 삽화에서 일어난다. 하지만 이러한 특정 망상이나 환청이 없는 고도의 산후 기분 삽화에서도 영아 살해가 나타날 수 있다. 정신병적 양상 동반 산후 기분 삽화(주요우울 삽화 또는 조증 삽화)는 500~1,000건의 분만당 1건의 비율로 나타나고, 초산부들에서 더욱 흔하게 나타난다.

정신병적 양상이 있는 산후 삽화를 경험할 위험성은 이전에 산후 기분 삽화를 경험했던 여성들에서 특히 높지만, 산후 기분 삽화(특히 제I형 양극성장애)의 과거력이 있거나 양극성장애의 가족력이 있는 경우에서도 높아진다. 어떤 여성이 정신병적 양상 동반 산후 기분 삽화를 경험했다면, 그 후 각 분만 시마다 재발할 위험도는 30~50%다. 산후 삽화는 산욕기에 발생하는 섬망과는 반드시 감별되어야 하며, 이는 자각이나 집중력이 감소된 정도에 의해 구별된다. 산후기는 신경내분비계 변화와 정신사회적 적응의 측면에서 특별한 의미를 지니며, 치료계획이 모유 수유에 미칠 잠재적인 영향 및 가족계획에 있어 산후 기분장애 병력이 미치는 장기적인 영향이 고려되어야 한다.

계절성 동반: 이 명시자는 재발성 주요우울장애에 적용된다.

A. 주요우울장애에서 주요우울 삽화의 발병과 한 해의 일정한 기간(예, 가을 또는 겨울) 사

이에 규칙적인 시간적 관계가 있다.

주의점: 특정 계절과 관련된 명백한 정신사회적 스트레스가 영향을 미치는 경우는 포함되지 않는다(예, 매해 겨울 반복적으로 실업자가 된다).

B. 완전관해(또는 우울증에서 조증이나 경조증으로의 변화)가 그해의 특징적인 기간에 일어난다(예, 우울증이 봄에 사라진다).

C. 지난 2년 동안, 진단기준 A와 B에 정의된, 계절적 시간관계를 나타내는 주요우울 삽화가 발생하였고, 동일한 삽화가 비계절성으로 발생하지 않았다.

D. 계절성 주요우울 삽화가 (앞에서 기술했듯이) 일생 동안 발생한 비계절성 주요우울 삽화보다 훨씬 더 많다.

주의점: "계절성 동반" 명시자는 재발성 주요우울장애의 주요우울 삽화 양상에 적용될 수 있다. 필수 증상은 해마다 일정한 시기에 주요우울 삽화가 시작되고 회복되는 것이다. 대부분의 경우에서 삽화는 가을 또는 겨울에 시작되고 봄에 회복된다. 드물게는 여름에 재발하는 주요우울 삽화가 있다. 이러한 삽화의 시작과 회복 양상이 지난 2년 동안 지속되었어야 하며, 중간에 어떤 비계절성 삽화도 없어야 한다. 또한 계절성으로 발생한 삽화가 일생 동안 경험한 비계절성 우울증 삽화보다 많아야 한다.

이 명시자는 특정 계절과 관련된 명백한 심리사회적 스트레스 요인(예, 특정 계절에 반복되는 실업 또는 학교 일정)으로 더 잘 설명될 경우에는 적용되지 않는다. 계절성으로 발생하는 주요우울 삽화는 현저한 무력감, 과다수면, 과식, 체중 증가, 탄수화물 갈구가 특징이다. 계절성 양상이 재발성 주요우울장애에서 더 흔한지, 양극성장애에서 더 흔한지는 분명하지 않다. 그러나 양극성장애군 내에서는 제I형 양극성장애보다 제II형 양극성장애에서 계절성 양상이 더 흔한 편이다. 또한 일부에서는 조증이나 경조증 삽화의 발병이 특정 계절과 관련되기도 한다.

겨울형 계절성 양상의 유병률은 위도 및 연령, 성별에 따라 다양하다. 고위도 지방에 거주할수록, 유병률이 증가하는 것으로 알려져 있다. 나이 역시 계절성의 강한 예측 요인으로서, 연령이 어릴수록 겨울형 우울 삽화의 위험도가 높다.

다음의 경우 명시할 것:

부분관해 상태: 직전 주요우울 삽화의 증상이 나타나지만 진단기준을 완전히 충족하지 않거나, 주요우울 삽화가 회복된 후 해당 삽화의 주요 증상이 없는 기간이 2개월 미만일 경우다.

완전관해 상태: 과거 2개월 동안 장애의 중요한 징후나 증상이 나타나지 않았다.

현재의 심각도를 명시할 것:

심각도는 기준 증상의 개수 및 해당 증상의 심각도, 또한 기능적 장애의 정도에 근거한다.

경도: 진단기준을 초과하는 최소한의 증상이 있으며, 증상의 강도가 고통스러우나 환자 스스로 다룰 수 있고 증상이 사회적 또는 직업적 기능에서 적은 손상을 야기한다.

중등도: 증상의 개수 및 강도 또는 기능적 손상이 "경도"와 "고도" 사이이다.

고도: 증상의 개수가 진단기준 요구량을 상당히 초과하고, 증상의 강도가 매우 고통스럽고 스스로 다룰 수 없으며, 증상이 사회적·직업적 기능을 뚜렷이 방해한다.

02

우울장애

DSM-5® 가이드북

우울장애

296.99 (F34.8)	파괴적 기분조절부전장애
	주요우울장애, 단일 삽화
	주요우울장애, 재발성 삽화
300.4 (F34.1)	지속성 우울장애(기분저하증)
625.4 (N94.3)	월경전불쾌감장애
	물질/약물치료로 유발된 우울장애
293.83 (F06.3_)	다른 의학적 상태로 인한 우울장애
311 (F32.8)	달리 명시된 우울장애
311 (F32.9)	명시되지 않는 우울장애

기분장애에 관해서 DSM-5에서의 주요 변화는 이 명칭으로 된 DSM-IV의 장이 2개의 장, 즉 양극성 및 관련 장애와 우울장애로 나뉜 점이다. 이 2가지 진단부류는 이 장에서 검토된다.

기분장애는 유병률이 높고, 병적 상태가 높으며, 조기 사망률 및 자살과 연관성이 있다. 이들 장애는 『세계적인 질병에 대한 부담The Global Burden of Disease』(Murray and Lopez 1996)에 기록되었듯이, 세계에서 가장 사람을 무기력하게 만드는 질병에 속한다. 개인의 생활 상황에 대해 일반적으로 부적절한 기분의 현저하고 장기적인 장해가 특징인 우울증과 조증은 원발성 증후군으로 간주된다. 여러 증상이 기분장애가 있는 사람들에게서 발생한다. 우울증이 있는 사람들이 불면증, 자살사고, 식욕부진증, 그리고 다른 사람들에게 부담이 되는 느낌 등의 증상이 있다면, 조증이 있는 사람들은 다행감, 과민성, 수면 욕구 감소, 과잉행동 등의 증상이 있다. DSM-III에서 이러한 상태들은 집합적으로 정동장애affective disorders로 불렸으나, 이들 장애명은 DSM-III-R에서 기분장애로 명칭이 바뀌었다. 기분장애mood disorder라는 용어는 정동affect이 정서적 표현에 있어서의 기분 변화가 등락을 거듭하는 것을 의미하는 반면, 기분mood은 보다 지속적이고 광범위한 감정 상태를 말하기 때문에 보다 적절하다.

기분장애는 최적의 분류 도식을 찾기 위한 일환으로 여러 해에 걸쳐 수많은 다른 방식으로 나뉘었다. 이러한 목적을 달성하는 데 있어서 어려움이 있었지만, 연구와 임상적 경험을 통해 기분장애의 원천적인 증상이 우울 기분, 고양된 기분, 또는 이 2가지의 혼합 양상이라는 사실을 보여 줄 수 있게 되었다.

이 장애군에 속한 장애의 수는 많지 않지만, 이 2가지 DSM-5의 기분장애 장들은 개인의 질환에 관해 아주 상세한 내용을 제공하는 데 사용될 수 있는 모든 명시자로 인해 분량이 많다. 이로 인해 임상가들은 현재 또는 가장 최근의 삽화가 조증, 경조증, 또는 우울인지의 여부, 기분장애가 불안증을 동반하고 있는지의 여부, 혼재성 양상, 멜랑콜리아 양상, 비전형적 양상, 정신병적 양상, 또는 긴장증이 있는지의 여부, 급속 순환성이 있는지의 여부, 주산기 발병 여부, 또는 계절성인지의 여부를 기록할 수 있게 되었다.

기분 증상들은 이러한 진단적 부류에 대해 구체적이지 않고 많은 다른 정신병적 장애에서 발견되기 때문에 감별진단은 복잡하다. 예를 들어, 조증/경조증 증상들은 흔히 신경인지장애가 있거나 조현병 스펙트럼 및 기타 정신병적 장애가 있는 사람들에게서 발생하는 반면, 우울증은 적응장애, 불안장애, 성격장애와 같은 다소 넓은 범위의 장애를 가지고 있는 사람들에게서 나타난다. 기분 증상은 때로 불면증, 피로, 또는 설명되지 않은 통증으로 가려져서 감별진단이 복잡해질 수 있다.

역사적으로, 기분장애는 가장 오래전부터 인식되어 온 정신의학적 증후군에 속한다. 또한 수백 년에 걸쳐 거의 모든 진단분류체계에 포함되어 왔다. 우울과 양극성 상태는 DSM-I("조울증 반응manic depressive reaction")과 DSM-II("조증-우울증manic-depressive illness)에서는 동일 범주에 속했다. 스트레스가 많은 생활 경험에 의해 촉발되는 기분증후군을 제외하고는 모든 것이 정신병으로 분류되었다. 그 후, 단극성 및 양극성 장애는 조증 삽화가 있는 사람들의 장애 진행 경과와 결과는 우울증만 겪는 사람들과는 원천적으로 다르다는 사실을 보여 주는 연구로 인해 분리되었다. 이러한 새로운 개념은 페이그너 기준Feighner criteria(Feighner et al. 1972), 연구진단기준Research Diagnostic Criteria(Spitzer et al. 1975), 그리고 DSM-III에 반영되었다. 이렇게 근본적으로 구분하는 것은 정신과 전문의와 연구자들에 의해 전적으로 받아들여졌다.

DSM-5의 우울장애는 표 1에 수록되었다. 새로운 진단으로는 파괴적 기분조절부전장애와 월경전불쾌감장애의 2가지가 있다. 혼재성 증상 발현을 나타내는 새로운 명시자가 우울장애에 추가되었다. 사소한 편집상의 변화는 있었지만, 주요우울장애 진단에 적용되는 핵심적인 진단기준 항목들뿐 아니라 2주 기간의 필수 요건은 DSM-IV로부터 변화되지 않았다. 기분장애 작업집단은 DSM-III에서 소개되었고, 상당한 분량의 연구에서 검증된 바 있는 주요우울장애의 진단범주는 지난 30년 이상 잘 존속되어 왔다.

표 1. DSM-5 우울장애
파괴적 기분조절부전장애
주요우울장애, 단일 삽화
주요우울장애, 재발성 삽화
지속성 우울장애(기분저하증)
월경전불쾌감장애
물질/약물치료로 유발된 우울장애
다른 의학적 상태로 인한 우울장애
달리 명시된 우울장애
명시되지 않는 우울장애

한 가지 중요한 변화는 소위 말해서 사별 배제bereavement exclusion를 삭제한 것이다. 이러한 변화는 정상적인 사별과정을 치료하려 한다는 불필요한 논쟁을 불러

일으켰다. DSM-IV의 주요우울 삽화 진단기준 E에는 증상이 "사별에 의해 더 잘 설명되지 않아야 한다."는 필수요건이 있다. 이러한 배제는 사랑하는 이가 세상을 떠난 후 2개월 미만의 기간에 지속되는 증상에 적용되었다. DSM-5에서의 변화는 주요우울 삽화를 촉발할 가능성 또는 증상이 저절로 관해될 가능성을 고려할 때, 사랑하는 이의 상실과 다른 스트레스 요인들을 분리할 수 있다는 증거가 없었기 때문이었다. 사별은 유약한 사람들에게는 주요우울 삽화를 촉발시키는 것으로 알려진 심각한 심리사회적 스트레스 요인이다. 이러한 일이 발생하는 경우, 우울증은 전형적으로 상실 직후에 시작된다. 사별은 고통스러울 수 있지만, 대부분의 사람은 주요우울 삽화를 발달시키지 않는다. 그러나 주요우울 삽화를 발달시키는 사람들은 전형적으로 보다 심한 고통을 겪고, 무가치감을 느끼며, 자살사고를 하기도 한다. 또한 이들의 대인 간 · 직업 기능에서와 마찬가지로 일반적인 의학적 건강이 위협을 받을 수 있다. 이러한 사람들은 고인에 대해 되새기고, 고인에게 다가가려고 하며, 상실을 상기시키는 경험을 회피하고자 애쓰는 것이 특징인 "복합적 애도^complicated grief^"의 위험에 처하게 될 수 있다. 더욱이, 사별관련 우울증은 주요우울 삽화의 특징 대부분을 지니고 있다. 즉, 이 장애는 주요우울 삽화의 개인력 및 가족력이 있는 사람들에게서 발생할 가능성이 높고, 유전적으로 영향을 받으며, 유사한 성격 특성, 동반이환 패턴, 그리고 결과와 연관이 있다. 끝으로, 사별관련 주요우울장애와 연관이 있는 증상들은 항우울제 약물치료에 의해 나타난다. 특정한 상황에 따라 다르겠지만 사랑하는 이의 사망 후 첫 2개월 이내에 개인에게서 완전한 우울 증후군이 관찰된다면, 임상가는 치료부터 시작하기보다는 일단 관망할 필요가 있다.

주요우울 삽화 내에 조증/경조증 삽화의 진단범주를 충족시키기에는 불충분한 최소한 3가지 조증/경조증 증상이 공존하는 것은 "혼재성 양상" 명시자로 나타낸다. 이러한 변화는 주요우울장애 삽화에서 혼재성 양상의 발현이 양극성 스펙트럼에 속하는 질환의 가능성을 증가시킨다는 것을 보여 주는 가족력과 추수 연구들의 결과를 반영한 결과다. 우울 삽화 내에 완전한 조증 증후군의 발현은 계속해서 우울장애 진단을 위한 배제 진단기준이 될 것이다. 그리고 이러한 패턴이 있는 사람들은 양극성장애가 있는 것으로 간주될 것이다.

파괴적 기분조절부전장애와 월경전불쾌감장애의 추가는 사별 배제와 관련된 것보다 규모는 다르지만, 커다란 논란을 가져왔다. 파괴적 기분조절부전장애는 부분적으로 지속적인 과민성과 극도의 행동 통제곤란dyscontrol의 잦은 삽화를 나타내는 12세 미만의 아동에게 있어서 양극성장애의 과잉진단의 가능성에 관한 염려를 나타내기 위해 만들어졌다(Axelson et al. 2006). 다른 한편으로, 월경전불쾌감장애는 주의 깊은 문헌 검토를 통해 DSM-IV의 부록 B("진단범주 세트 및 추가연구를 위한 축")로부터 옮겨져서 독립적인 진단이 되었다.

월경전불쾌감장애 진단에 관해서는 여러 해에 걸쳐 약간의 논란이 있어 왔다. 어떤 집단들은 월경주기에 초점을 맞춘 장애는 정상적인 재생기능을 병리적인 것으로 삼고 있다고 느꼈다. 그런가 하면, 다른 집단에서는 이 장애가 여성의 건강에 낙인을 찍는 역할을 한다고 생각했다. 또한 여성들이 월경 전 국면 동안에는 필요한 활동을 제대로 수행할 수 없음을 암시할 가능성이 있다고 여기기도 했다. 이 장애는 흔하고 문제가 있기 때문에, 작업집단 구성원들은 이 상태를 인정하지 않거나 임상가들이 이 장애를 인식해서 적절한 치료를 제공하지 않게 하는 것은 부적절하다는 결론을 내렸다.

지속성 우울장애(기분저하증)는 DSM-5에는 새로운 것으로, DSM-IV에서 정의된 만성 주요우울장애와 기분부전장애를 합친 것이다. 주요우울장애는 지속적 우울장애에 선행될 수 있고, 주요우울 삽화는 지속성 우울장애 기간에 발생할 수 있다. 조현병 또는 망상장애(DSM-IV 진단기준 F) 같은 만성 정신병적 장애의 경과 기간에 장해가 독자적으로 발생하지 않아야 한다는 필수요건은 더 이상 존재하지 않는다. 이러한 변화로 인해 임상가들은 이러한 정신병적 상태들 중 하나가 있는 사람들에 대해 지속성 우울장애로 진단할 수 있게 되었다.

요약하면, 우울장애 장은 임상가들이 범주화된 진단 자체에 의해 전달되지 않는 중요한 정보를 담고 있는 명시자를 기록하고 고려하도록 격려함으로써 이러한 상태의 인식과 치료의 질을 향상시키기 위해 개선된 점을 반영하고 있다. DSM에서 흔하고 부적절하게 다루어진 문제들을 언급하고 장애의 인식과 특수한 임상적 관리가 용이하도록 하기 위해 새로운 진단들이 추가되었다.

파괴적 기분조절부전장애

파괴적 기분조절부전장애disruptive mood dysregulation disorder의 진단은 만성, 심각할 정도의 지속적인 과민성이 특징인 기분 조절곤란 상태의 아동들에 대한 중요한 공백을 채우는 데 도움이 될 것이다. 과거 20년 동안 양극성장애로 진단된 젊은 층의 수는 40배나 증가하였다. 그러나 연구에 의하면, 파괴적 기분조절부전장애가 있는 아동들은 양극성장애가 있는 사람들과는 다른 결과, 성별 비율, 그리고 가족력이 있는 것으로 나타났다. 더욱이, 이들은 조증 또는 경조증 삽화를 발달시키지는 않는다. 손상되기는 했지만, 이러한 아동들은 흔히 다른 파괴적 행동장애, 불안장애, 그리고 주의력결핍 과잉행동장애의 진단범주를 충족시키는 증상들을 지니고 있다. 아동기 및 청소년기 장애 작업집단은 가장 적합한 것이 우울장애라는 결론을 내렸다.

처음에 작업집단이 이 장애를 "분노조절곤란장애temper dysregulation disorder"로 명명하려고 했지만, 피드백을 고려해서 "파괴적 기분조절부전장애"로 명명하였다. 이 새로운 장애의 진단기준을 충족시키는 아동들 대부분이 (중첩되는 증상으로 인해) 적대적 반항장애의 진단범주도 충족시키게 될 것이므로, 작업집단은 이 2가지 장애의 진단범주를 충족시키는 청소년들에게 파괴적 기분조절부전장애 진단만 내려야 한다고 결정하였다. 이러한 조치로, 중첩된 진단범주로 인한 인위적인 동반이환 상태가 되는 문제를 피할 수 있게 되었다.

파괴적 기분조절부전장애 진단기준	296.99 (F34.8)

A. 고도의 재발성 분노발작이 언어적(예, 폭언) 또는 행동적(예, 사람이나 사물에 대한 물리적 공격성)으로 나타나며, 상황이나 도발 자극에 비해 그 강도나 지속 시간이 극도로 비정상적이다.
B. 분노발작이 발달수준에 부합하지 않는다.
C. 분노발작이 평균적으로 일주일에 3회 이상 발생한다.
D. 분노발작 사이의 기분이 지속적으로 과민하거나 거의 매일, 하루 중 대부분의 시간 동안 화가 나 있으며, 이것이 객관적으로 관찰될 수 있다(예, 부모, 교사, 또래집단).
E. 진단기준 A~D가 12개월 이상 지속되며, 진단기준 A~D에 해당하는 모든 증상이 없는 기간이 연속 3개월 이상 되지 않는다.
F. 진단기준 A와 D가 세 환경(예, 가정, 학교, 또래집단) 중 최소 두 군데 이상에서 나타나며 최소 한 군데에서는 고도의 증상을 보인다.
G. 이 진단은 6세 이전 또는 18세 이후에 처음으로 진단될 수 없다.
H. 과거력 또는 객관적인 관찰에 의하면, 진단기준 A~E의 발생이 10세 이전이다.
I. 진단기준 A를 만족하는 기간을 제외하고 양극성장애의 조증 또는 경조증 삽화의 모든 진단기준을 만족하는 뚜렷한 기간이 1일 이상 있지 않아야 한다.
주의점: 매우 긍정적인 사건 또는 이에 대한 기대로 인해 전후 맥락에 맞게, 발달적으로 적절한 기분의 고조는 조증 또는 경조증의 증상으로 고려되지 않아야 한다.
J. 이러한 행동이 주요우울 삽화 중에만 나타나서는 안 되며, 다른 정신질환(예, 자폐스펙트럼장애, 외상후 스트레스장애, 분리불안장애, 지속성 우울장애[기분저하증])으로 더 잘 설명되지 않는다.
주의점: 이 진단은 적대적 반항장애, 간헐적 폭발장애 또는 양극성장애와 동반이환할 수 없으나, 주요우울장애, 주의력결핍 과잉행동장애, 품행장애, 물질사용장애와는 동반이환할 수 있다. 파괴적 기분조절부전장애와 적대적 반항장애의 진단기준을 모두 만족시키는 증상을 가진 경우, 파괴적 기분조절부전장애만 진단 내려야 한다. 만일 조증 또는 경조증 삽화를 경험했다면, 파괴적 기분조절부전장애의 진단을 내려서는 안 된다.
K. 증상이 물질의 생리적 영향이나 다른 의학적 또는 신경학적 상태로 인한 것이 아니다.

진단범주 A, B

이 항목은 아동이 '상황에 대한 강도나 기간 또는 유발(추가된 강조점)에 있어서 극도로 정도를 벗어난…… 심각한 재발성 분노발작^temper outbursts'을 가지고 있음을 의미한다. 거의 모든 아동이 보통 분노폭발^temper tantrum을 가지고 있기 때문에 이 진단기준은 평범한 분노폭발을 심각도와 정규성으로 인해 구분되는 분노발작의 구별을 돕기 위해 필요하다. 더욱이, 분노발작은 상황과 불일치하고, 부모들 대부분은 이를 아동의 통제불능 상태를 가리키는 것으로 볼 수 있다. 또한 분노발작은 분노폭발에서처럼 언어적 및/또는 언어적으로 및/또는 행동적으로 나타난다. 또한 아동의 발달 수준(예, 아동은 "끔찍한 두 살배기terrible twos" 범위 밖에 있음)과 일치하지 않아야 한다.

진단범주 C, D, E

분노발작이 주당 3회 또는 그 이상 나타나야 한다는 필수요건은 다소 인위적이다. 그러나 이 요건의 핵심은 분노발작이 정기적이고 어떤 빈도수로 발생한다는 점이다. 분노발작 사이에 아동의 기분은 "하루 시간의 대부분, 거의 매일" 지속적으로 과민하거나 화가 난 상태여야 한다. 다시 말해서, 이 증상들은 단순히 지나가는 정도가 아니라는 것이다.

이러한 증상들은 12개월 또는 그 이상의 기간에 발현되어야 한다. 이 기간에 아동은 적어도 연속해서 3개월 동안 진단범주 A~D에 있는 모든 증상이 나타나지 않아야 한다. 이 항목은 또한 증상들이 일시적으로 나타나는 것이 아니어야 하는 한편, 전반적이고 지속적이어야 한다.

진단기준 F

증상들은 가정과 학교에서처럼 최소한 2개 장면에서 나타나야 한다. 아동에 따라서는 증상들이 제멋대로 나타났다가 사라지는 것처럼 보이기도 한다. 또한 이 진단기준은 증상이 자발적인 것처럼 보이는 아동들과 스스로 통제가 덜 가능한 것처럼 보이는 아동들을 분리한다.

진단범주 G, H

이 진단은 아동이 6세가 되기 전 또는 18세가 된 이후에는 적용되지 않는다(진단기준 G). 이 진단기준은 분노발작이 신경발달 증후군에 의한 것이 아니어야 한다는 요건 설정에 유용하다. 신경발달 증후군의 경우, 증상이 조기에 발병될 가능성이 높다. 또한 성인의 반사회성 성격장애로 인한 비행에 기인된 것이 아니어야 한다. 이 성격장애는 18세 미만의 사람들에게는 진단되지 않는다. 10세 이전에 발병되어야 한다(진단기준 H). 다시 말해서, 이 진단기준은 양극성장애를 정당화하기 위한 진단사용 방지에 도움이 된다. 양극성장애는 일반적으로 청소년기 또는 이후에 발병한다.

진단범주 I, J, K

진단기준 I는 1일 이상 조증 또는 경조증 삽화의 완전한 진단범주를 충족시키는 증상이 있는 사람들을 배제함으로써, 파괴적 기분조절부전장애와 양극성장애를 분리하는 데 도움이 된다. 또한 이 항목은 몇몇 "발달적으로 적절한" 기분 고양 삽화가 매우 긍정적인 사건 또는 이에 대해 기대하고 있는 상황(예, 생일파티, 놀이공원 방문)에서 발생할 수 있음을 나타내고 있고, 양극성장애와 혼동해서는 안 된다는 점을 명시하고 있다.

진단범주 J와 K는 분노발작이 주요우울 삽화 기간에 독자적으로 발생하지 않아야 하고, 다른 정신장애(예, 자폐스펙트럼장애)에 의한 것이 아니어야 하며, 증상이 물질의 생리적 영향 또는 다른 의학적 상태나 신경학적 상태에 의한 것이 아니어야 한다는 점을 확실시하고 있다. 더욱이, 파괴적 기분조절부전장애는 적대적 반항장애, 간헐적 폭발장애, 또는 양극성장애와 공존할 수 없음을 명시하고 있다. 다른 한편으로는 주요우울장애, 주의력결핍 과잉행동장애, 품행장애, 그리고 물질사용장애 같은 몇몇 다른 정신장애와 공존할 수는 있다. 만일 아동의 증상이 파괴적 기분조절부전장애와 적대적 반항장애의 진단범주를 충족시킨다면, 후자의 진단은 전자의 진단으로 대체된다. 연구에 의하면, 파괴적 기분조절부전장애가 있는 아동들 대부분이 적대적 반항장애의 진단범주를 충족시킬 거라는 증거가 있지만, 그 반대의 경우는 사실이 아니다. 적대적 반항장애가 있는 아동의 약 15% 정도

만이 파괴적 기분조절부전장애의 진단범주도 충족할 수 있는 증상을 갖게 될 것이다.

주요우울 삽화

DSM-III에 기술되었던 주요우울 삽화 증후군은 편집상의 변화 외에 임상가들이 개인의 삽화를 더 잘 기술하도록 돕기 위해 사별 배제와 몇 가지 새로운 명시자를 추가한 것을 제외한다면, DSM-5에서도 거의 변화 없는 상태로 유지되고 있다(앞서 제시된 "우울장애" 서문 참조). 주요우울장애는 한 가지 또는 그 이상의 주요우울 삽화가 있는 사람들을 위한 부호화된 장애다. 주요우울장애는 오직 한 가지 주요우울 삽화만이 발생했는지 또는 삽화가 재발성인지의 여부를 기초로 부호화된다.

주요우울 삽화 진단기준

A. 다음의 증상 가운데 5가지(또는 그 이상)의 증상이 2주 연속으로 지속되며, 이전의 기능 상태와 비교할 때 변화를 보이는 경우, 증상 가운데 적어도 하나는 (1) 우울 기분이거나, (2) 흥미나 즐거움의 상실이어야 한다.

주의점: 명백한 다른 의학적 상태로 인한 증상은 포함되지 않아야 한다.

1. 하루 중 대부분, 그리고 거의 매일 지속되는 우울 기분에 대해 주관적으로 보고(예, 슬픔, 공허감 또는 절망감)하거나 객관적으로 관찰됨(예, 눈물 흘림)(**주의점:** 아동 · 청소년의 경우는 과민한 기분으로 나타나기도 함)
2. 거의 매일, 하루 중 대부분, 거의 또는 모든 일상 활동에 대해 흥미나 즐거움이 뚜렷하게 저하됨.
3. 체중조절을 하고 있지 않은 상태에서 의미 있는 체중 감소(예, 1개월 동안 5% 이상의 체중 변화)나 체중 증가, 거의 매일 나타나는 식욕 감퇴 또는 증가(**주의점:** 아동에서는 체중 증가가 기대치에 미달되는 경우)
4. 거의 매일 나타나는 불면이나 과다수면

5. 거의 매일 나타나는 정신운동 초조나 지연(객관적으로 관찰 가능함, 단지 주관적인 좌불안석 또는 처지는 느낌뿐만이 아님)
6. 거의 매일 나타나는 피로나 활력의 상실
7. 거의 매일 무가치감 또는 과도하거나 부적절한 죄책감(망상적일 수도 있는)을 느낌(단순히 병이 있다는 데 대한 자책이나 죄책감이 아님)
8. 거의 매일 나타나는 사고력이나 집중력의 감소 또는 우유부단함(주관적인 호소나 객관적인 관찰 가능함)
9. 반복적인 죽음에 대한 생각(단지 죽음에 대한 두려움이 아닌), 구체적인 계획 없이 반복되는 자살사고, 또는 자살시도나 자살 수행에 대한 구체적인 계획

B. 증상이 사회적, 직업적, 또는 다른 중요한 기능 영역에서 임상적으로 현저한 고통이나 손상을 초래한다.
C. 삽화가 물질의 생리적 영향이나 다른 의학적 상태로 인한 것이 아니다.

주의점: 진단기준 A부터 C까지는 주요우울 삽화를 구성하고 있다.

주의점: 중요한 상실(예, 사별, 재정적 파탄, 자연재해로 인한 상실, 심한 질병이나 장애)에 대한 반응으로 진단기준 A에 기술된 극도의 슬픔, 상실에 대한 되새김, 불면, 식욕저하, 그리고 체중 감소가 나타날 수 있고, 이는 우울 삽화와 유사하다. 비록 그러한 증상이 이해될 만하고 상실에 대해 적절하다고 판단된다 할지라도 정상적인 상실 반응 동안에 주요우울 삽화가 존재한다면, 이는 주의 깊게 다루어져야 한다. 이러한 결정을 하기 위해서는 개인의 과거력과 상실[1]의 고통을 표현하는 각 문화적 특징을 근거로 한 임상적인 판단이 필요하다.

D. 주요우울 삽화가 조현정동장애, 조현병, 조현양상장애, 망상장애, 달리 명시된 또는 명시되지 않는 조현병 스펙트럼 및 기타 정신병적 장애로 더 잘 설명되지 않는다.
E. 조증 삽화 혹은 경조증 삽화가 존재한 적이 없다.

   주의점: 조증 유사 혹은 경조증 유사 삽화가 물질로 인한 것이거나 다른 의학적 상태의 직접적인 생리적 영향으로 인한 경우라면 이 제외 기준을 적용하지 않는다.

부호화와 기록절차

주요우울장애의 부호는 단일/재발성 삽화 여부, 심각도, 정신병적 양상의 여부, 그리고 관해 상태에 따라 달라진다. 심각도와 정신병적 양상은 주요우울 삽화의 모든 진단기준을 만족시킬 때에만 사용할 수 있다. 관해 여부 세부진단은 주요우울 삽화의 모든 진단기준을 만족시키지 않을 때에만 사용할 수 있다. 부호는 다음과 같다.

심각도/경과 명시자	단일 삽화	재발성 삽화*
경도([DSM-5] p. 197)	296.21 (F32.0)	296.31 (F33.0)
중등도([DSM-5] p. 197)	296.22 (F32.1)	296.32 (F33.1)
고도([DSM-5] p. 197)	296.23 (F32.2)	296.33 (F33.2)
정신병적 양상 동반**([DSM-5] p. 195)	296.24 (F32.3)	296.34 (F33.3)
부분관해 상태([DSM-5] p. 196)	296.25 (F32.4)	296.35 (F33.41)
완전관해 상태([DSM-5] p. 196)	296.26 (F32.5)	296.36 (F33.42)
명시되지 않는 경우	296.20 (F32.9)	296.30 (F33.9)

*재발성 삽화로 진단하기 위해서는 두 삽화 간에 주요우울 삽화의 진단기준을 만족시키지 않는, 적어도 연속된 2개월의 간격이 있어야 한다. 각 명시자에 대한 정의는 표시된 페이지에서 확인할 수 있다.
**만약 정신병적 양상이 존재한다면, 삽화의 심각도와 상관없이 "정신병적 양상 동반"을 명시한다.

진단명을 기록할 때 용어는 다음의 순서대로 나열되어야 한다. 주요우울장애, 단일 또는 재발성 삽화, 심각도/정신병적 양상 동반/관해 여부 명시자, 그리고 현재 또는 가장 최근 삽화에 해당하는 진단부호가 없는 다수의 명시자의 순서다.

명시할 것:

- 불안증 동반([DSM-5] p. 193)
- 혼재성 양상 동반([DSM-5] p. 194)
- 멜랑콜리아 양상 동반([DSM-5] pp. 194-195)
- 비전형적 양상 동반([DSM-5] p. 195)
- 기분과 일치하는 정신병적 양상 동반([DSM-5] p. 195)
- 기분과 일치하지 않는 정신병적 양상 동반([DSM-5] p. 195)
- 긴장증 동반([DSM-5] p. 195). **부호화 시 주의점:** 추가적으로 부호 293.89 (F06.1)을 사용할 것
- 주산기 발병 동반([DSM-5] pp. 195-196)
- 계절성 동반(재발성 삽화에서만 가능)([DSM-5] p. 196)

진단기준 A

이 항목은 주어진 주요우울 삽화의 진단을 위해서는 9가지 우울 증상들 중 5가지 또는 그 이상의 증상이 반드시 발현되어야 하고, 적어도 하나는 진단기준 A1(우울 기분) 또는 A2(흥미 또는 즐거움 상실)를 충족시켜야 한다는 점을 명시하고 있다. 이 목록은 DSM-III-R 이래로 변화되지 않은 상태를 유지하고 있고, 수 세기 동안 인

정되어 온 고전적인 우울 증상들을 담고 있다. 개별 증상들은 일반 인구에서는 흔하지만, 이 증상들이 최소한 2주에 걸쳐 모아져서 증후군 세트를 형성한다는 사실로 인해 진단이 나뉘게 된다. "발현present"된 것으로 간주하기에 앞서 2주 기간에 각 항목이 발현되어야 한다는 사실에 주의하는 것은 임상가에게는 중요하다. 삽화의 발병 전에 발현될 수 있는 몇몇 증상은 삽화 기간에 눈에 띄게 악화되는 경우에만 고려되어야 한다. 예를 들어, 어떤 사람들은 우울증의 일부로 악화되지 않는다면 증상에 포함되지 않을 수 있는 만성 불면증을 가지고 있다.

가장 중요한 증상은 우울 기분(진단기준 A1)과 흥미 또는 즐거움 상실(진단기준 A2)이다. 그리고 이 둘 중 하나는 필수로 요구된다. 우울이 있는 사람에 따라서는 자신의 정서(실감정증alexithymia)를 묘사하거나 자신이 우울한 상태에 있다고 느낄 수 있는 능력을 상실하는가 하면, 문화적 또는 다른 이유로 우울 기분을 인정하기 어려워할 수 있다. 거의 모든 사례에서 사람들은 흥미 또는 즐거움 상실을 인정할 수 있을 것이다. 진단기준 A8은 많은 장애가 낮은 집중력의 원인이 될 수 있기 때문에 성가실 수 있다. 경도 또는 조발성 치매가 있는 많은 사람은 기억 손상 또는 집중곤란을 보고할 것이다. 이는 곧 이러한 증상들의 가장 중요한 원인이 우울증이지 치매가 아니라는 것이다. 자살 사고 또는 행동(진단기준 A9)은 우울 증상들 중 가장 염려되는 증상이다. 그리고 일단 이 증상이 확인된다면, 임상가는 이 증상에 대한 면밀한 탐색을 통해 환자의 자살 경향성 정도와 의학적 개입의 긴급성을 결정할 필요가 있다. 임상가들은 분리된·독립적인 삽화로 간주되는 2가지 주요우울 삽화가 진단범주를 충족시키지 않는 적어도 2개월의 간격이 있어야 한다는 사실에 주의해야 한다.

진단기준 B

원래 DSM-IV의 진단기준 C였던 이 진단기준은 우울 증상은 "사회적, 직업적, 또는 기타 중요한 기능 영역에서 임상적으로 심각한 고통 또는 손상"의 원인이 되어야 한다고 명시되어 있다. DSM-IV의 진단에 추가된 이 진단기준은 경도, 중등도,

고도 명시자가 보충되었다. 우울증은 대부분의 사람에 의해 고통으로 인식되지만, 사회적 · 직업적 손상은 다양한 방식으로 나타날 수 있다. 개인은 집중력 손상 또는 지나친 피로로 인해 직업 수행이 저조하거나 직장에서 비효율적으로 근무할 수 있다. 또한 지나치게 자주 병가를 내거나 결근을 할 수 있다. 사회적 영역에서 이 사람은 교우관계를 무시하고 위축될 수 있다. 이는 과민성으로 인해 친구들과도 멀어지기 때문이다. 가족들은 환자의 동기 결여로 인한 집안일 무시로 고통스러워할 수 있다. 심한 경우, 사람들은 죽음 또는 죽어 가고 있다는 생각에 집착하거나 자살계획을 세우거나, 그들 중 일부는 실제로 자살을 시도(또는 완수)한다.

진단기준 C

이 증후군에 대한 대안적인 설명은 감별진단 과정에서 삭제되어야 한다. 남용물질, 약물치료, 그리고 다른 의학적 상태는 배제될 필요가 있다. 알코올과 기타 약물들은 우울증을 유발하는 것으로 알려져 있다. 이 경우, 적절한 진단은 물질/약물치료로 유발된 우울장애다. 마찬가지로, 갑상선기능저하증과 같은 의학적 상태는 우울증과 연관되어 있고, 원인으로 배제될 필요가 있다. 이 경우, 보다 적절한 진단은 다른 의학적 상태로 인한 우울장애다. 이러한 상태들은 중요한 치료적 시사점을 지니고 있다.

진단기준 D

우울증이 조현정동장애로 더 잘 설명되지 않아야 하고, 조현병, 조현양상장애, 망상장애, 또는 달리 명시된 또는 명시되지 않는 조현병 스펙트럼 및 기타 정신병적 장애와 겹치지 않아야 한다. 이러한 장애 모두는 어느 정도 우울 발현과 동반이환될 수 있다.

진단기준 E

개인은 조증 또는 경조증 삽화를 가진 적이 없어야 한다. 이 진단기준은 주요우울장애와 양극성장애를 분리하는 데 도움이 된다는 점에서 중요하다. 이러한 구분은 기분장애에 가장 기본이 되고 중요한 치료적 시사점을 지니고 있다. 말하자면, 아증후군적subsyndromal 조증 또는 경조증 증상이 있는 사람들에 대해서는 "혼재성 양상 동반" 명시자를 적용한다.

주요우울장애, 단일 삽화

명시자

명시자는 기분장애가 불안증을 동반하고 있는지의 여부, 혼재성 양상, 멜랑콜리아 양상, 비전형적 양상, 정신병적 양상, 또는 긴장증이 있는지의 여부, 그리고 우울증이 주산기 발병인지 계절성인지의 여부 기록을 포함해서 임상가들로 하여금 개인의 질병을 상세히 기술할 수 있도록 해 준다. 임상가들은 주요우울 삽화를 경도, 중등도, 또는 고도로, 그리고 정신병적 양상 있음 또는 없음으로 평가할 수 있다. DSM-IV의 "산후 발병 동반" 명시자는 "주산기 발병 동반"으로 바뀌었다. 이러한 변화는 주요우울 삽화의 절반이 출산 전에 발병한다는 사실을 반영한 것이다. 주요우울 삽화가 임신 중 또는 출산 후 4주 동안 발달되는 경우, 이 명시자가 적절하다.

주요우울장애, 재발성 삽화

재발성으로 간주되는 주요우울장애에 대해서는 주요우울 삽화의 진단범주를 충족시키지 않는 분리된 삽화들 사이에 적어도 연속된 2개월의 간격이 있어야 한다.

지속성 우울장애(기분저하증)

지속성 우울장애(기분저하증)persistent depressive disorder (dysthymia)는 적어도 2년(아동·청소년들은 적어도 1년) 동안 발현되는 만성 및 지속적인 기분장해다. 또한 식욕부진증, 불면증, 기력저하, 낮은 자존감, 집중곤란, 그리고 무망감 같은 비교적 전형적인 우울 증상들이 특징이다. 이 진단은 DSM-IV에서 정의된 만성 주요우울장애와 기분부전장애가 합쳐진 것이다. 임상가들은 이 2가지 장애를 구분하는 데 어려움을 겪었다. 이 장애들을 확실히 구분하게 됨으로써 만성 및 지속성 우울증이 있는 사람들에 대한 확인이 더 용이해졌다.

기분부전장애는 DSM-III에서 소개되었고, 삽입어구의 형태로 우울신경증depressive neurosis으로 알려졌다. 지속성 우울장애가 있는 사람들은 흔히 비교적 보다 심각한 주요우울 삽화들을 발달시킨다. 주요우울 삽화가 사라지는 경우, 이러한 사람들은 뒤이어 만성 기분저하증 상태로 돌아간다. 경도와 고도 우울증이 공존하는 상태는 이 2가지 장애 모두 부호화되기 때문에 때로 "이중우울증double depression"이라고 한다.

지속성 우울장애의 진단범주는 DSM-IV의 기분부전장애의 진단범주에서 대부분 변화되지 않았다. 가장 중요한 차이는 진단기준 D에 영향을 준 것이다. DSM-IV에서는 이 장해의 첫 2년 동안 주요우울 삽화의 결여가 명시되었다. 기분장애 작업집단은 임상가들이 기분부전장애를 만성 주요우울장애와 신뢰성 있게 구분할 수 없을 것을 염려하였다. 많은 임상가는 이 차이에 대해 혼란스러워했고, 한 가지 또는 다른 진단을 무시하는 경향이 있었다. 이러한 혼란은 부분적으로 환자들이 사람들 대부분이 인출할 수 없는 정보를 회상하도록 하게 한다는 사실에서 연유된다. 즉, 환자들은 지난 2년 동안(과거 수십 년이 될 수도 있을 것임) 2개월 이상 증상이 없었던 기간을 기억해 낼 수 있는가, 또는 2주 또는 그 이상의 기간에 주요우울 삽화의 진단기준을 충족시키는 증상이 있었는가(이 경우, 환자는 주요우울장애 진단을 받을 것임)? 이러한 변화들은 임상가들이 이 장애들을 보다 신뢰성 있게 구분하는 데 도움이 될 것이다. 또한 연구에 의하면, 증상, 가족력, 또는 치료 반응에 있어서 기분부전장애와 만성 주요우울장애가 있는 사람들 사이에는 거의 차이가 없었다(Klein et al. 2004; McCullough et al. 2000).

지속성 우울장애(기분저하증) 진단기준 300.4 (F34.1)

이 장애는 DSM-IV에서 정의된 만성 주요우울장애와 기분부전장애를 통합한 것이다.

A. 적어도 2년 동안, 하루의 대부분 우울 기분이 있고, 우울 기분이 없는 날보다 있는 날이 더 많으며, 이는 주관적으로 보고하거나 객관적으로 관찰된다.
 주의점: 아동 · 청소년의 경우, 기분이 과민한 상태로 나타나기도 하며, 기간은 적어도 1년이 되어야 한다.

B. 우울 기간에 다음 2가지(또는 그 이상)의 증상이 나타난다.

1. 식욕부진 또는 과식
2. 불면 또는 과다수면
3. 기력저하 또는 피로감
4. 자존감 저하
5. 집중력 감소 또는 우유부단
6. 절망감

C. 장해가 있는 2년(아동 · 청소년에서는 1년) 동안 연속적으로 2개월 이상, 진단기준 A와 B의 증상이 존재하지 않았던 경우가 없었다.
D. 주요우울장애의 진단기준을 만족하는 증상이 2년간 지속적으로 나타날 수 있다.
E. 조증 삽화, 경조증 삽화가 없어야 하고, 순환성장애의 진단기준을 충족하지 않아야 한다.
F. 장해가 지속적인 조현정동장애, 조현병, 망상장애, 달리 명시된 또는 명시되지 않는 조현병 스펙트럼 및 기타 정신병적 장애와 겹쳐져서 나타나는 것이 아니다.
G. 증상이 물질(예, 남용약물, 치료약물)의 생리적 영향이나 다른 의학적 상태(예, 갑상선기능저하증)로 인한 것이 아니다.
H. 증상이 사회적, 직업적, 또는 다른 중요한 기능 영역에서 임상적으로 현저한 고통이나 손상을 초래한다.

주의점: 주요우울 삽화의 진단기준은 지속성 우울장애(기분저하증)에는 없는 4가지 증상이 포함되어 있기 때문에, 극소수가 2년 이상 지속되는 우울 증상들을 가지게 되며, 지속성 우울장애의 진단기준을 만족하지 못한다. 만약 질환의 현 삽화 기간의 어느 시점에서든 주요우울장애의 진단기준을 모두 만족한다면, 주요우울장애로 진단해야 한다. 그러나 만약 그렇지 않

다면 달리 명시된 우울장애 또는 명시되지 않는 우울장애를 진단할 수 있는 근거가 된다.

다음의 경우 명시할 것:

불안증 동반([DSM-5] p. 193)

혼재성 양상 동반([DSM-5] p. 194)

멜랑콜리아 양상 동반([DSM-5] pp. 194-195)

비전형적 양상 동반([DSM-5] p. 195)

기분과 일치하는 정신병적 양상 동반([DSM-5] p. 195)

기분과 일치하지 않는 정신병적 양상 동반([DSM-5] p. 195)

주산기 발병 동반([DSM-5] pp. 195-196)

다음의 경우 명시할 것:

부분관해 상태([DSM-5] p. 196)

완전관해 상태([DSM-5] p. 196)

다음의 경우 명시할 것:

조기 발병: 발병이 21세 이전인 경우

후기 발병: 발병이 21세 이후인 경우

다음의 경우 명시할 것(지속성 우울장애의 최근 2년간):

순수한 기분저하 증후군 동반: 적어도 지난 2년간 주요우울 삽화의 진단기준을 만족하지 않은 경우

지속성 주요우울 삽화 동반: 지난 2년 내내 주요우울 삽화의 진단기준을 만족시킨 경우

간헐적인 주요우울 삽화, 현재 삽화를 동반하는 경우: 현재 주요우울 삽화의 진단기준을 만족하며, 주요우울 삽화에 미치지 못하는 우울 증상이 적어도 2년간 선행하는 동안 8주 이상 주요우울 증상이 있었던 경우

간헐적인 주요우울 삽화, 현재 삽화를 동반하지 않는 경우: 현재 주요우울 삽화의 진단기준을 만족하지 않지만 지난 2년간 적어도 1회 이상의 주요우울 삽화가 있었던 경우

현재의 심각도를 명시할 것:

경도([DSM-5] p. 197)

중등도([DSM-5] p. 197)

고도([DSM-5] p. 197)

월경전불쾌감장애

기분장애 작업집단은 DSM-5에서 월경전불쾌감장애를 완전한 장애 상태의 지위를 부여할 것을 권장하였다. DSM-IV에서 이 장애는 부록 B에 포함되었고, 발현되는 경우에는 달리 명시되지 않는 우울장애로 부호화되었다. 이 장애가 DSM-III에서 처음으로 만성 황체기 불쾌감장애late luteal phase dysphoric disorder로 제안된 이래, 이 장애가 확산되어 있고 심각한 고통과 손상을 초래한다는 사실을 입증하는 연구 증거들이 축적되었다. 작업집단은 이 장애의 진단, 치료, 그리고 타당화 요인들에 관한 정보를 기반으로 이 장애가 독립적인 진단으로 포함될 충분한 자격이 있다고 느끼게 되었다.

임상적 연구와 역학조사 결과에 의하면, 많은 여성이 월경주기의 황체 국면 동안 시작해서 월경이 시작될 즈음에 사라지는 증상들을 경험한다. 추가로, 이러한 연구들을 통해 간헐적으로 월경주기의 황체 국면과 연관된 심한 증상으로 고통을 받는 여성들(지역사회에서 약 2% 정도)의 하위 유형을 찾아냈다. 이러한 증상이 있는 여성들은 DSM에서 적절하게 다루어지지 않았다. 월경전불쾌감장애를 포함시키는 것은 임상가들로 하여금 이 증후군을 인식하고 이 장애가 있는 여성들이 적절한 치료를 받을 수 있게 하는 데 도움이 될 것이다.

월경전불쾌감장애 진단기준 625.4 (N94.3)

A. 대부분의 월경주기에서 월경 시작 1주 전에 다음의 증상 가운데 5가지(또는 그 이상)가 시작되어 월경이 시작되고 수일 안에 증상이 호전되며, 월경이 끝난 주에는 증상이 경미하거나 없어져야 한다.

B. 다음 증상 중 적어도 한 가지(또는 그 이상)는 포함되어야 한다.

1. 현저하게 불안정한 기분(예, 갑자기 울고 싶거나 슬퍼진다거나 거절에 대해 민감해지는 것)
2. 현저한 과민성, 분노 또는 대인관계에서의 갈등 증가
3. 현저한 우울 기분, 절망감 또는 자기비난의 사고

4. 현저한 불안, 긴장, 신경이 곤두섬 또는 과도한 긴장감

C. 다음 증상 중 적어도 한 가지(또는 그 이상)는 추가적으로 존재해야 하며, 진단기준 B에 해당하는 증상과 더해져 총 5가지의 증상이 포함되어야 한다.

1. 일상 활동에서 흥미의 저하(예, 직업, 학교, 또래집단, 취미)
2. 집중하기 곤란하다는 주관적 느낌
3. 기면, 쉽게 피곤함 혹은 현저한 무기력
4. 식욕의 현저한 변화, 즉 과식 또는 특정 음식의 탐닉
5. 과다수면 또는 불면
6. 압도되거나 자제력을 잃을 것 같은 주관적 느낌
7. 유방의 압통이나 부종, 두통, 관절통, 혹은 근육통, 부풀어 오르거나 체중이 증가된 느낌과 같은 다른 신체적 증상

주의점: 진단기준 A~C에 해당하는 증상이 전년도 대부분의 월경주기에 있어야 한다.

D. 증상이 직업이나 학교, 일상적인 사회활동과 대인관계를 현저하게 저해한다(예, 사회활동의 회피, 직장이나 학교에서의 생산성과 효율성의 감소).

E. 증상은 주요우울장애나 공황장애, 지속성 우울장애(기분저하증) 혹은 성격장애와 같은 다른 장애로 인해 단순히 악화된 것이 아니다(이러한 장애 중 어느 것에도 중첩되어 나타날 수는 있다).

F. 진단기준 A는 적어도 연속적인 2회의 주기 동안 전향적인 일일평가에 의해 확인되어야 한다(**주의점:** 진단은 이러한 확인이 있기 이전에는 잠정적으로 내려질 수 있다).

G. 증상은 물질(예, 남용약물, 치료약물, 기타 치료)의 생리적 영향이나 다른 의학적 상태(예, 갑상선기능항진증)로 인한 것이 아니다.

물질/약물치료로 유발된 우울장애

물질/약물치료로 유발된 우울장애는 개인의 우울 증상이 명백히 물질 영향 또는 물질금단으로 인한 것인 경우에 진단된다. 이러한 장애들은 흔히 발생하고 특정 물질, 즉 아마도 가장 흔한 자극물인 알코올과 연관성이 있다. 이 장애는 또한 흔

히 병원과 클리닉 인구에서 관찰된다. 이 장애의 진단범주는 DSM-IV의 물질로 유발된 기분장애의 진단범주에서 거의 변화되지 않았다. 단, 진단기준 A는 이 장애에 적절하도록 우울 증상에 대한 초점을 반영할 수 있도록 수정되었다. 부호는 이 장애를 유발하는 물질에 따라 다르게 붙여진다. 물질의 명칭은 장애의 명칭에 포함된다(예, 알코올로 유발된 우울장애).

물질/약물치료로 유발된 우울장애 진단기준

A. 현저하고 지속적인 기분장해가 우세하고 우울 기분이나, 거의 또는 모든 일상활동에 대해 흥미나 즐거움의 뚜렷한 저하를 보인다.

B. 병력, 신체검진 또는 검사 소견에 (1)과 (2) 둘 다의 증거가 있다.

   1. 진단기준 A의 증상이 물질중독이나 물질금단 동안 혹은 직후에, 혹은 치료약물 노출 후에 발생
   2. 수반된 물질/치료약물이 진단기준 A의 증상을 일으킬 만한 능력이 있음

C. 장해가 물질/약물치료로 유발된 것이 아닌 우울장애로 더 잘 설명되지 않는다. 독립적인 우울장애라는 증거로 다음이 포함될 수 있다. 증상이 물질/치료약물 사용 시작보다 선행한다. 증상이 급성 금단 혹은 심한 중독의 중단 이후에도 상당한 기간(예, 약 1개월) 계속된다. 혹은 물질/약물치료로 유발된 것이 아닌 독립적인 우울장애의 다른 증거(예, 재발성 비물질/치료약물 관련 삽화의 병력)가 있다.

D. 장해가 섬망의 경과 중에만 발생하지는 않는다.

E. 장해가 사회적, 직업적, 또는 다른 중요한 기능 영역에서 임상적으로 현저한 고통이나 손상을 초래한다.

   주의점: 이 진단은 진단기준 A의 증상이 임상 양상에서 두드러지고 임상적 주목을 보증할 정도로 충분히 심할 때에만 물질중독이나 물질금단의 진단 대신에 내려져야 한다.

   부호화 시 주의점: [특정 물질/약물치료]로 유발된 우울장애에 대한 ICD-9-CM과 ICD-10-CM 부호는 다음 표에 제시되어 있다. ICD-10-CM 부호는 동일 종류의 물질에 대한 물질사용장애의 동반이환 여부에 따라 달라진다는 점에 주의한다. 만약 경도의 물질사용장애가 물질로 유발된 우울장애와 동반이환된다면, 4번째 자리의 글자는 "1"이고, 임상가는 물질로 유발된 우울장애 앞에 "경도 [물질]사용장애"를 기록해야 한다(예, 경도 코카인 사용장애, 코카인으로 유발된 우울장애 동반). 만약 중등도 또는 고도 물질사용장애가 물질로 유발된 우울장애와 동반이환된다면, 4번째 자리의 글자는 "2"이고, 임상가는 동반이환하는 물질사용장애의 심각도에 따라 "중등도 [물질]사용장애 또는 고도 [물질]사용장애"

를 기록해야 한다. 만약 동반이환하는 물질사용장애가 없다면(예, 1회의 심한 물질 사용 후), 4번째 자리의 글자는 "9"이며 임상가는 물질로 유발된 우울장애만을 기록해야 한다.

		ICD-10-CM		
	ICD-9-CM	사용장애 경도	사용장애 중등도 또는 고도	사용장애 없음
알코올	291.89	F10.14	F10.24	F10.94
펜시클리딘	292.84	F16.14	F16.24	F16.94
기타 환각제	292.84	F16.14	F16.24	F16.94
흡입제	292.84	F18.14	F18.24	F18.94
아편계	292.84	F11.14	F11.24	F11.94
진정제, 수면제, 또는 항불안제	292.84	F13.14	F13.24	F13.94
암페타민(또는 기타 자극제)	292.84	F15.14	F15.24	F15.94
코카인	292.84	F14.14	F14.24	F14.94
기타(또는 미상의) 물질	292.84	F19.14	F19.24	F19.94

다음의 경우 명시할 것(물질 종류와 연관된 진단을 위해서는 "물질관련 및 중독 장애" 장의 표 1을 참조할 것):

중독 중 발병: 기준이 물질중독에 맞고, 증상이 중독 동안에 발생하는 경우

금단 중 발병: 기준이 물질금단에 맞고, 증상이 금단 동안 혹은 금단 직후 발생하는 경우

다른 의학적 상태로 인한 우울장애

일부 사람은 알려진 의학적 장애로 인한 우울 증상을 발달시킨다. 이러한 장애는 특히 병원과 자문연결서비스기관consultation liaison services에서 흔히 발견된다. 갑상선기능저하증 같은 많은 신체적 장애는 우울장애를 유발시키는 것으로 알려져 있다. DSM-5 진단범주는 임상가들로 하여금 개인의 우울증이 유발될 가능성과 의학적 원인에 대한 탐색의 적절성을 일깨워 주고 있다. 이러한 이유로, 이 진단은 중요한 치료적 시사점을 지니고 있다. 이 진단은 우울 양상 동반, 주요우울 유사 삽화 동반, 또는 혼재성 양상 동반으로 보다 구체적으로 명시될 수 있다. 이 진단

을 기록하는 데 있어서 다른 의학적 상태라는 명칭은 장애의 명칭에 포함되어야 한다(예, 갑상선기능저하증으로 인한 우울장애, 혼재성 양상 동반).

다른 의학적 상태로 인한 우울장애 진단기준

A. 현저하고 지속적인 우울 기분 또는 모든 활동이나 거의 모든 활동에서 현저하게 감소된 흥미나 즐거움이 임상 양상에서 우세하다.
B. 장해가 다른 의학적 상태의 직접적인 병태생리학적 결과임을 지지하는 병력, 신체검진 또는 검사 소견이 있다.
C. 장해가 다른 정신질환으로 더 잘 설명되지 않는다(예, 스트레스 요인이 심한 의학적 상태인 우울 기분 동반 적응장애).
D. 장해가 섬망의 경과 중에만 발생하지는 않는다.
E. 장해가 사회적, 직업적, 또는 다른 중요한 기능 영역에서 임상적으로 현저한 고통이나 손상을 초래한다.

부호화 시 주의점:

다른 의학적 상태로 인한 우울장애의 ICD-9-CM 부호는 293.83이며, 이는 명시자에 무관하다. ICD-10-CM 부호는 명시자에 의한다(다음을 참조할 것).

다음의 경우 명시할 것:

(F06.31) **우울 양상 동반:** 주요우울 삽화의 진단기준을 완전히 충족하지 않는다.

(F06.32) **주요우울 유사 삽화 동반:** 주요우울 삽화의 진단기준(진단기준 C 제외)을 모두 충족한다.

(F06.34) **혼재성 양상 동반:** 조증이나 경조증 증상을 보이나, 임상 양상에서 두드러지지는 않는다.

부호화 시 주의점:

정신질환의 진단에 다른 의학적 상태의 구체적인 진단명이 포함된다(예, 293.83 [F06.31] 갑상선기능저하증으로 인한 우울장애, 우울 양상 동반). 다른 의학적 상태에 관한 진단명은 그 의학적 상태로 인한 우울장애 바로 앞에 따로 진단부호와 함께 열거되어야 한다(예, 244.9 [E03.9] 갑상선기능저하증; 293.83 [F06.31] 갑상선기능저하증으로 인한 우울장애, 우울 양상 동반).

달리 명시된 우울장애 및 명시되지 않는 우울장애

이 범주는 DSM-IV의 달리 명시되지 않는 우울장애가 대체된 것이다. 달리 명시된 우울장애의 진단범주는 우울장애의 특징인 증상들이 발현되고 고통 또는 손상을 초래하지만 이 진단부류의 보다 구체적인 장애의 진단범주에 완전히 부합되지 않는 경우, 그리고 임상가가 증거가 진단범주에 완전히 부합되지 않는 이유를 소통하기로 선택한 경우에 사용된다. 임상가는 특정 사유를 기록해야 할 것이다(예, 재발성 단기우울증, 단기 우울 삽화[4~13일], 불충분한 증상 동반 우울 삽화). 명시되지 않는 우울장애의 진단범주는 보다 구체적인 장애에는 부합되지 않지만 임상적으로 심각한 고통 또는 손상을 초래하는 증상이 있는 경우, 그리고 임상가가 진단범주에 충족되지 않는 이유를 명시하지 않기로 선택하는 경우, 또는 보다 구체적인 진단을 내릴 수 있을 정도로 정보가 충분하지 않은 경우에 사용된다.

달리 명시된 우울장애 진단기준 311 (F32.8)

이 범주는 사회적, 직업적, 또는 다른 중요한 기능 영역에서 임상적으로 현저한 고통이나 손상을 일으키는 우울장애의 특징적인 증상들이 두드러지지만, 우울장애의 진단부류에 속한 장애 중 어느 것에도 완전한 기준을 만족하지 않는 발현 징후들에 적용된다. 달리 명시된 우울장애 범주는 발현 징후가 어떤 특정 우울장애의 기준에 맞지 않은 특정한 이유에 대해 교감하기 위해 임상가가 선택한 상황들에서 사용된다. 이는 "달리 명시된 우울장애"를 기록하고, 이어서 특정한 이유(예, "단기 우울 삽화")를 기록한다.

"달리 명시된"이라는 지정 문구를 사용해 분류할 수 있는 발현 징후들의 예는 다음과 같다.

1. **반복성 단기 우울증**: 2~13일간 지속되는 우울 기분 양상이 다른, 적어도 4개 이상의 우울 증상과 함께, 1개월에 최소 1회 이상(월경주기와 연관성이 없어야 한다), 적어도 연속된 12개월 이상 나타나고, 다른 우울장애 또는 양극성장애의 진단을 단 1회도 만족시키지 않아야 하며, 현재 어떠한 정신병적 장애의 현성[active] 또는 잔류기 증상을 만족시키지 않아야 함
2. **단기 우울 삽화(4~13일)**: 우울한 정동 및 주요우울 삽화 8개의 증상 중 최소 4개의 증상이 임상적으로 현저한 고통이나 손상과 연관되어 나타나고, 4일 이상 14일 미만으로 지속되며, 다른 우울장애 또는 양극성장애의 진단을 단 1회도 만족시키지 않아야 하고, 현재 어떠한 정신병적 장애의 현성 또는 잔류기 증상을 만족시키지 않아야 하며, 반복성 단기우울증

의 진단기준도 만족시키지 않아야 함

3. **불충분한 증상 동반 우울 삽화:** 우울한 정동 및 주요우울 삽화 8개의 증상 중 최소 1개의 증상이 임상적으로 현저한 고통이나 손상과 연관되어 최소 2주 동안 지속되어 나타나고, 다른 우울장애 또는 양극성장애의 진단을 단 1회도 만족시키지 않아야 하며, 현재 어떠한 정신병적 장애의 현성 또는 잔류기 증상을 만족시키지 않아야 하고, 불안우울혼합장애 증상의 기준을 만족시키지 않아야 함

명시되지 않는 우울장애 311 (F32.9)

이 범주는 사회적, 직업적, 또는 다른 중요한 기능 영역에서 임상적으로 현저한 고통이나 손상을 일으키는 우울장애의 특징적인 증상들이 두드러지지만, 우울장애의 진단부류에 속한 장애 중 어느 것에도 완전한 기준을 만족하지 않는 발현 징후들에 적용된다. 명시되지 않는 우울장애 범주는 기준이 특정 우울장애의 기준에 맞지 않은 이유를 명시할 수 없다고 임상가가 선택한 상황들에서 사용되며, 좀 더 특정한 진단을 내리기에는 정보가 불충분한(예, 응급실 상황) 발현 징후들을 포함한다.

KEY POINTS

- 기분장애는 "양극성 및 관련 장애"와 "우울장애" 2개의 장으로 나뉘었다.
- "지속적으로 증가된 목표 지향적 활동 또는 에너지"라는 문구가 조증 삽화와 경조증 삽화의 진단기준 A에 추가되었다. 이로써 이 진단을 내리기 위해서는 제I형 양극성장애 또는 제II형 양극성장애의 특징적 증상이 발현될 필요가 있는 필수요건을 분명히 하고 있다.
- 조증 및 주요우울 삽화에 대한 진단기준을 동시에 충족시켜야 한다고 명시되어 있던 가장 최근의 혼재성 삽화에 관한 제I형 양극성장애의 진단기준은 삭제되었다. 대신, "혼재성 양상 동반" 명시자가 추가되어 우울 양상이 발현되는 경우, 조증 삽화 또는 경조증 삽화에 적용할 수 있게 되었다.
- 우울장애에 있어서 중요한 변화는 DSM-IV에서 사랑하는 이의 죽음 이후 2개월 미만 지속되는 우울 증상에 적용되었던 사별 배제가 삭제된 것이다. 이러한 변화는 주요우울 삽화를 촉발할 가능성을 고려할 때 사랑하는 이의 상실을 다른 스트레스 요인으로부터 분리할 수 있다는 사실을 뒷받침하는 증거가 없다는 이유에서였다.
- 파괴적 기분조절부전장애는 우울장애 장에 새롭게 추가되어 지속적인 과민성 및 행동 통제

곤란이 있는 아동들에 대한 증거를 기술해 주고 있다. 이러한 변화로 아동 및 청소년들이 양극성장애로 과잉진단되는 문제를 감소시키는 데 도움이 된다.

- 지속성 우울장애(기분저하증)는 새롭게 추가된 것으로, DSM-IV에서 정의된 만성 주요우울장애와 기분부전장애가 합쳐진 것이다. 임상가들은 이 2가지 장애를 구분하는 데 어려움을 겪었다.
- 월경전불쾌감장애는 독립적인 진단으로 승격되었다. 이 진단은 월경주기와 연관된 우울 증상군을 발달시키는 여성들에게 적용된다.

참고문헌

Axelson D, Birmaher B, Strober M, et al: Phenomenology of children and adolescents with bipolar spectrum disorders. Arch Gen Psychiatry 63:1139–1148, 2006

Feighner JP, Robins E, Guze SB, et al: Diagnostic criteria for use in psychiatric research. Arch Gen Psychiatry 26:57–63, 1972

Klein DN, Shankman SA, Lewinsohn PM, et al: Family study of chronic depression in a community sample of young adults. Am J Psychiatric 161:646–653, 2004

McCullough JP Jr, Klein DN, Keller MB, et al: Comparison of DSM-III-R chronic major depression and major depression superimposed on dysthymia(double depression): validity of the distinction. J Abnorm Psychol 109:419–427, 2000

Murray CJL, Lopez AD: The Global Burden of Disease. Boston, MA, Harvard University Press, 1996

Spitzer RL, Endicott J, Robins E: Research Diagnostic Criteria (RDC). New York, Biometrics Research, New York State Pschiatric Institute, 1975

03

우울장애

DSM-5® 임상사례집

서문

John W. Barnhill, M.D.

우울증depression은 정신의학에서 가장 자주 사용되면서 동시에 가장 모호한 용어들 중 하나다. 증상 면에서 우울증은 슬픔을 의미하지만, 진단 면에서는 슬픈 감정을 부인하는 사람들에게 적용된다. 우울 기분depcessed mood은 정상인들도 흔히 경험하는 것이지만, 심각할 정도로 쇠약해지고, 고통스러우며, 치명적인 상태로 이어지기도 한다. 우울증은 다양한 방식으로, 여러 잠재적 동반이환, 촉발 인자, 신뢰할 만한 부수적 증상들과 함께 나타난다.

DSM-5는 축적된 증거를 토대로 다수의 진단범주를 세밀하게 다듬었다. 예를 들어, 양극성장애는 역사적으로 '조울증manic depression'으로 간주되어 우울증의 일부로 여겨져 왔다. 그러나 양극성장애와 우울장애가 유사한 점들이 있지만 임상적 발현, 가족력, 종단적 경과, 치료에 있어서는 실질적인 차이가 있다는 사실이 점차 드러났다. 이러한 이유로 DSM-5에서 양극성장애는 독립적인 장에 배치되었다. 그럼에도 여전히 중복되는 부분은 남아 있어서, 우울장애와 양극성장애를 다루고 있는 장들에는 두 진단 간의 미묘한 차이를 구별하기 위해 이 장애들에 관하여 매우 상세히 기술되어 있다.

주요우울장애major depressive disorder는 전형적인 우울증으로 남아 있다. DSM-5에서 주요우울장애의 진단기준은 전혀 바뀌지 않았다. 진단은 여전히 전적으로 3가지 범주, 즉 ① 임상적 발현(9가지 증상 중 5가지), ② 병력(2주 이상 지속), ③ 연관성(심한 고통 또는 손상)에 대한 평가를 기초로 이루어지고 있다. 이렇게 폭넓은 범주를 세분화하기 위해 DSM-5에는 멜랑콜리아, 정신병적 양상, 긴장증과 같은 인자의 표출뿐만 아니라 심각도와 재발성을 토대로 삽화를 구별하는 명시자가 마련되어 있다. DSM-5에서 특별히 유용하게 바뀐 것은 정신병과 심각도를 분리시킨 것이다. 따라서 임상가들은 우울증 증상이 예를 들어 중등도에 속하지만 부수적 정신병을 앓고 있는 사람들을 정확하게 기술할 수 있게 되었다.

또한 우울장애에 관한 장에서 면밀한 검토가 필요했던 주제에 관한 내용이 일부 수정되었다. 그동안 사별반응사별의 삭제 건에 대해 심도 있게 논의가 진행되었다. 사랑하는 사람의 죽음을 애도하는 것은 인간의 정상적인 반응이라고 널리 인식되고 있다는 것이 그 이유였다. DSM-IV에서는 일반적으로 주요우울증 진단을 내리기에 앞서, 2개월의 애도 기간이 필요하다는 조건이 있었다. 그러나 연구에 의하면, 애도하는 사람들의 대다수에게서 주요우울증 증상이 나타나지 않았다. 달리 말하면, 사별의 맥락에서 발병하는 주요우울증은 '정상적인' 반응이 아닌 것이다. 주요우울증으로 고통을 겪는다는 것은 죄책감, 무가치감, 자살 경향성이라는 강한 감정이 동반되고, 기능상의 쇠퇴가 두드러지는 것을 의미한다. 더욱이, 사랑하는 사람의 죽음 직후에 주요우울증 증상을 나타내는 사람들은 개인사와 가족력에 있어서 우울증 발생률이 높았고, 예후가 더 좋지 않았으며, 항우울제 약물치료에 반응하는 경향이 있다. 달리 말하면, 사랑하는 사람의 죽음으로 인한 주요우울증의 모든 특성을 보이는 사람들은 다른 심한 스트레스에 의해 주요우울증이 발병한 사람들과 유사하고 동일한 수준의 임상적 주의가 요구된다.

애도가 상실에 대한 정상적인 반응인 것처럼, 분노발작은 아동기의 정상적인 일부에 속한다. 그러나 좌절 감내력이 낮고 행동 통제곤란이 있는 아동들은 이러한 인간의 정상적인 경험 수준을 뛰어넘는 증상을 보인다. 즉, 이들의 정동 조절곤란은 흔히 부모, 교사, 급우들에게 고통을 안겨 줄 뿐 아니라 이 문제가 있는 아동들을 혼란에 빠뜨리고, 정상적인 발달 궤도에서 이탈시키곤 한다. DSM-5에서의 두 번째 변화는 이러한 아동들을 파괴적 기분조절부전장애disruptive mood dysregulation disorder(DMDD)로 범주화한 것이다. DSDD에 관한 논란은 크게 두 부류로 나뉜다. 첫 번째 부류는 DSM-5가 정상적인 아동기 경험을 병리적 증상으로 몰고 갈 수 있다는 입장이다. 두 번째 부류는 이러한 행동은 오히려 양극성장애의 스펙트럼에서 보다 더 정확하게 기술될 수 있다는 입장이다. 그러나 연구에 의하면, DMDD는 심한 고통을 동반하고, 기능이상을 초래하며, 평생 어려움을 겪을 위기에 처한 사춘기 이전의 아동들에 관하여 기술된 것으로 보고 있다. 더욱이 DMDD는 단순히 양극성장애의 아동기형이 아니다. 실제로, DMDD는 성인기가 되면 양극성장애보다는 우울장애 또는 불안장애로 전환되기 쉬운 양상을 보인다.

세 번째 변화는 월경전불쾌감장애premenstrual dysphoric disorder(PMDD)가 부록에서 DSM-5의 주요 본문으로 옮겨진 것이다. DMDD가 평균적으로 예상할 수 있는 "분노발작"을 참조하고 있지 않은 것처럼, PMDD에는 흔히 "월경전증후군"으로 기술되지 않는 일시적인 경도 증상 대신, 지속적이고 심한 쇠약감과 고통의 원인이 되는 확실한 증상군이 포함되어 있다.

그동안 이 3가지 변화가 정상적인 인간의 경험을 병리화로 이어지게 할 수 있고, 이차적으로 정신과 치료약물의 과도한 사용을 부추길 수 있다는 우려가 제기되어 왔다. 그렇지만 정신의학계는 현재의 증거자료에 한계가 있다는 점과 집단이기적인 이익을 위해 영향력을 행사하려는 외부 압력이 있다는 사실을 인정해야 한다. 동시에, 연구에 의하면 이 3가지 진단은 고통을 겪고 있고 현저하게 기능이상을 나타내는 사람들을 정확하게 3가지 부류의 군집으로 구분하고 있다. 또한 이러한 기준에 부합되는 사람들은 이미 정신의학적 도움을 받고 있고, 엄격한 진단 범주 개발이 효과적인 생물정신사회적 개입에 대한 복제 가능한 연구를 수행할 수 있게 하는 것은 사실이다.

읽을거리

Keller MB, Coryell WH, Endicott J, et al (eds): Clinical Guide to Depression and Bipolar Disorder: Findings From the Collaborative Depression Study. Washington, DC, American Psychitric Publishing, 2013

Kramer P: Against Depression. New York, Penguin, 2006

Maj M: Clinical judgment and the DSM-5 diagnosis of major Depression. World Psychiatry 12(2): 89-91, 2013. Available at: http:/www.ncbi.nlm.nih.gov/pmc/articles/PMC3683250. Accessed August 29, 2013

사례 1: 심한 기분 변화와 과민성
Moody and Irritable

William C. Wood, M.D.

와이어트[Wyatt](12세, 남)는 급우들과 가족들을 위협하는 등 반복적인 갈등으로 인해 그를 담당했던 정신과 전문의에 의해 청소년 부분적 입원 프로그램에 의뢰되었다.

부모에 의하면, 와이어트는 대체로 과민했으며, 자주 "분노의 괴물"이 되는 삽화들이 동반되어, 그에게 한계를 설정하는 일은 거의 불가능하게 되었다. 최근에 와이어트는 숙제를 하도록 하기 위해 치워 놓은 비디오 게임기를 꺼내려고 옷장 문을 박살내 버렸다. 학교에서 와이어트는 걸핏하면 화를 내는 성향이 있었다. 최근 체스 시합에서 패하자, 상대 아이의 얼굴을 주먹으로 때려서 정학 처분을 받았다.

와이어트는 "온종일" 뛰어다니는 극도로 활발한 사내아이였다. 그런가 하면 일이 잘못될까 봐 늘 불안해하는 "민감한 아이"였다. 또한 좌절에 대한 관용성이 또래들에 비해 훨씬 낮은 편이어서 부모는 쇼핑하러 갈 때 그를 데리고 가지 않았는데, 그 이유는 원하는 장난감을 발견할 때마다 완전히 제정신이 아닌 상태가 되곤 했기 때문이었다.

초등학교 학생생활기록부에는 와이어트가 안절부절못함, 주의산만, 충동성이 있는 것으로 기록되어 있었다. 와이어트가 10세 되던 해, 소아정신과 전문의는 그를 주의력결핍 과잉행동장애(ADHD), 복합형으로 진단했다. 와이어트는 행동치료자에게 의뢰되어 메틸페니데이트[methylphenidate] 복용으로 증상이 감소된 적이 있다. 4학년이 되면서, 그의 감정 기복은 더욱 확연해졌고, 지속적인 증상으로 자리잡았다. 그는 대체로 몹시 퉁명스러웠는데, 삶이 "불공평"하다고 불만을 터뜨리기 일쑤였다. 와이어트와 그의 부모는 등교 준비를 하는 동안 매일 아침식사 시간에 한계를 정하기 시작해서 숙제, 비디오게임, 취침시간에 대한 논쟁이 저녁때까지 끊임없이 이어졌다. 이러한 논쟁에는 와이어트가 고함을 지르며 근처에 있는 물건을 집어던지는 행동이 자주 수반되었다. 6학년이 될 무렵, 그의 부모는 지칠 대로 지쳐 있었고 그의 형제자매들조차 그를 피하는 지경에 이르렀다.

와이어트의 부모에 의하면, 그는 식욕에 있어서는 아무런 문제가 없었다. 그리고 잠자는 시간 때문에 다투기는 하지만, 그에게 수면장해는 없었다. 그는 자신의 활동에서 즐거움을 찾고 있었고, 적절한 활력 수준을 유지하고 있는 것 같았다. 그리고 의기양양, 과대성 또는 하루 이상 지속되는 수면 욕구 감소 증상에 대한 병력은 없었다. 와이어트의 부모는 그를 "기분 변화가 심하고, 고립되어 있으며, 고독해하는" 아이로 묘사하고 있지만, 그에게 우울증이 있다고 보지는 않았다. 이들은 환각, 남용, 트라우마, 자살 경향성, 살해 경향성, 자해 충동, 또는 사전 중재된 타인 가해 충동 병력이 없다고 했다. 와이어트와 부모는 와이어트가 알코올이나 약물을 사용한 적이 없다고 했다. 그의 의학적 병력은 뚜렷하지 않았다. 그의 가족력을 보면, 아버지는 불안증과 우울증, 친할아버지는 알코올중독, 그리고 어머니에게는 치료되지 않은 ADHD의 가능성이 있었다.

면담에서 와이어트는 다소 불안해했지만, 별 어려움 없이 면담에 임했다. 그는 의자에 앉은 채로 몸을 이리저리 비틀었다. 그의 분노발작과 신체적 공격에 대한 검토과정에서 와이어트는 "나도 어쩔 수 없어요. 일부러 그러는 것은 아니에요. 화가 나면 아무 생각도 들지 않아요. 마음이 텅 비는 것 같아요."라고 말했다. 분노발작에 대한 느낌을 묻자, 와이어트는 매우 슬픈 표정을 짓더니 "나도 그렇게 하고 싶지 않아요."라고 진정성 있게 말했다. 만일 삶에서 바꾸고 싶은 일 3가지가 있다면, 와이어트는 "더 많은 친구를 사귀고 싶어요. 학교 공부도 더 잘하고 싶고, 또 이제 그만 화내고 싶어요."라고 답했다.

진단

- 파괴적 기분조절부전장애
- 주의력결핍 과잉행동장애, 복합형

논의

와이어트의 치료를 담당했던 정신과 전문의는 그를 청소년 부분입원 프로그램에 의뢰했다. 그 이유는 지속적인 과민성도의 재발성 분노발작 때문이었다. 이 12세 남자아이에 대한 평가에서는 분노발작의 성질, 심각도, 빈도수, 지속기간에 주의를 기울이는 것이 중요할 것이다.

- 이러한 요소들은 "발달적으로 정상인" 아동의 범주를 벗어나는가?
- 촉발 요인은 무엇인가?
- 분노발작은 가정에서, 학교에서, 또래들과 있을 때, 또는 한 가지 이상의 상황에서 발생하는가?
- 이러한 요인들은 삶에 어떤 영향을 미치고 있는가?
- 폭발 삽화들 사이에 일반적인 기분은 어떠한가?
- 분노발작은 와이어트의 정서 반응에 대한 통제 결여를 반영하고 있는가, 아니면 의도된 결과를 얻기 위한 계산된 행동인가?
- 이러한 정서 및/또는 행동상의 폭발은 몇 살 때 시작되었는가?
- 이에 상응하는 자율신경계 우울증 증상은 있는가?
- 과대성, 감소된 수면 욕구, 압출언어, 질주사고 등 조증과 같은 증상을 나타낸 적이 있는가?
- 만일 그렇다면, 이 증상들은 조증 삽화 기준에 부합될 만큼 오래 지속되었는가?
- 물질을 남용하고 있는가?
- 편집증, 망상, 환각 등 정신병적 증상을 경험한 적이 있는가?

와이어트의 사례에서, 그의 강렬한 정도의 과민성은 지속적인 것으로 보이는 반면, 분노발작은 극심한 수준이고 전반적인 발달 수준과 일치하지 않는 경향이 있다. 이러한 증상들은 분명히 그의 삶의 모든 면에 있어서 지장을 초래하고 있다. 그는 행동을 잘 통제하고 있는 것 같지 않다. 그의 과민성과 분노발작 역시 그에게 긍정적으로 작용하고 있지 않다. 사실상, 그가 가장 변화를 주고 싶다고 말한 3가지는 구체적으로 증상("너무 화내는 것을 그만두기") 또는 증상의 결과("더 많은 친구를 사귀고 싶고, 학교 공부를 더 잘하고 싶은 것")와 연관되어 있다. 이러한 증상들은 초등학교 때부터 악화되어 왔다. 와이어트 군에게는 우울증의 현저한 자율신경계 증상이 없고, 조증, 정신병 또는 물질남용의 과거력도 없다. 따라서 와이어트는 파괴적 기분조절부전장애disruptive mood dysregulation disorder(DMDD)의 기준에 부합된다. 이 장애는 DSM-5에서 새롭게 선보이는 장애로, 우울장애 범주에 속해 있다.

DMDD의 핵심 양상은 아동의 발달단계와 일치하지 않고 심한 손상을 일으키는 만성적이고, 심한 정도로 지속되는 과민성이다. DSM-5에서는 이러한 핵심 양상을 2가지 현저한 임상적 징후, 즉 ① 빈번하게 발생하는 심한 정도의 분노발작(언어적 또는 행동적)과 ② 만성적이고 지속적인 과민성 또는 심한 정도의 분노발작 사이에 나타나는 분노 기분으로 정의하고 있다.

DMDD 증상의 일부는 다른 진단의 것과 중첩될 수 있다. 그러나 DMDD는 증상 프로파일이 다른 DSM-5 진단의 것과는 다르고, 연령에 적합한 "분노폭발temper tantrum" 수준을 뛰어넘는 아동·청소년 집단을 나타내는 것 같다. 예를 들어, 양극성장애는 대인갈등과 과민성으로 이어질 수 있다. 그러나 DMDD가 있는 아동과 청소년들은 한 번에 여러 날 지속되는 감소된 수면 욕구, 압출언어pressure speech, 기분순환mood cycling, 질주사고racing thoughts와 같은 조증의 다른 증상을 보이지 않는다. 특히 적대적 반항장애oppositional defiant disorder, 간헐적 폭발장애intermittant explosive disorder, 품행장애conduct disorder와 같은 파괴적 행동장애는 폭발 삽화들 사이에 지속되는 강렬한 과민성이 현저하지 않다는 점에서 DMDD와는 다르다.

DSM-5의 정의에 의하면, DMDD는 양극성장애 또는 적대적 반항장애나 간헐적 폭발장애와 공존할 수 없다. 만일 환자가 조증 삽화를 경험한 적이 있다면, DMDD 진단은 양극성장애로 대체되어야 한다. 만일 환자가 간헐적 폭발장애 또는 적대적 반항장애 진단기준뿐 아니라 DMDD 기준에 부합된다면, DMDD로만 진단되어야 한다.

DMDD는 기타 다양한 진단과 동반이환될 수 있다. 예를 들어, 와이어트는 오래전부터 주의력과 불안 문제가 있다. 초등학교 때, 그는 ADHD, 복합형 진단을 받았다. 이는 그가 주의력과 과잉행동/충동성 범주 모두에 대한 대부분의 기준에 부합되었음을 가리킨다. 와이어트는 또한 만성적으로 걱정이 많은 아이인 것으로 보인다. 그의 과거력에 있어서 이 부분에 대한 탐색이 세세하게 이루어지지는 않았지만, 불안장애로 진단하는 데는 무리가 없어 보인다.

와이어트에 대해 종단적 추적조사를 해 보는 것이 중요할 것이다. 물론 목적은 가장 엄격한 진단적 평가와 치료계획을 적용하는 것이지만, 이는 와이어트의 전반적인 발달 맥락에서 얼마든지 바뀔 수 있다. DMDD로 진단받은 청소년으로서, 와이어트에게는 계속해서 다른 기분장애, 불안장애, 물질사용장애 등의 다양한 동반이환성 정신질환 발생의 위험이 뒤따를 것이다.

읽을거리

Axelson D, Findling RL, Fristad MA, et al: Examining the proposed disruptive mood dysregulation disorder diagnosis in children in the Longitudinal assessment of manic symptoms study. J Clin Psychiatry 73(10):1342–1350, 2012

Copeland WE, Angold A, Costello EJ, Egger H: Prevalence, comorbidity, and correlates of DSM-5 proposed disruptive mood dysregulation disorder. Am J Psychiatry 170(2): 173–179, 2013

Leibenluft E: Severe mood dysreaulation, irritability, and the diagnostic boundaries of bipolar disorder in youths. Am J Psychiatry 168(2):129–142, 2011

Margulies DM, Weintraub S, Basile J, et al: Will disruptive mood dysregulation disorder reduce false diagnosis of bipolar disorder in children? Bipolar Disord 14(5):488–496, 2012

Mikita N, Stringaris A: Mood dysregulation, Eur Child Adolesc Psychiatry 22(suppl 1): S11–16, 2013

Wozniak J, Biederman J, Kiely K, et al: Manic-like symptoms suggestive of childhood-onset bipolar disorder in clinically referred children. J Am Aca Child Adlosc Psychiatry 34(7):867–876, 1995

사례 2: 산후 슬픔
Postpartum Sadness

Kimberly A. Yonkers, M.D.
Heather B. Howell, M.S.W.

이본 페레즈Yvonne Perez(23세, 여)는 둘째 아이 출산 2주 만에 외래환자 정신과 평가를 받기 위해 병원을 찾았다. 페레즈 부인은 자신의 모유수유 간호사에 의해 의뢰되었다. 그 간호사는 환자의 우울 기분, 정동둔마flat affect, 피로감을 염려했다. 페레즈 부인은 자신의 임신 사실을 알게 된 직후부터 걱정이 많아지고 냉담해지게 되었다고 했다. 페레즈 부부는 둘째 아이는 몇 년 더 있다가 갖기로 계획을 세웠다. 그러나 계획과 달리 둘째 아이가 임신되자 남편은 낙태를 제의했고, 그녀는 종교적인 이유로 받아들이지 않았다. 남편은 그녀가 임신 기간에 "너무 힘들어서" 급여 받는 일을 할 수 없게 된 상황에 대해 몹시 언짢아했다.

페레즈 부인은 출산 이후로 점차 불쾌감, 무망감, 무기력감을 느꼈다. 모유수유 역시 생각만큼 잘 이루어지지 않았다. 페레즈 부인은 아기가 젖을 물지 않으려 하고 젖을 토하며 우는 것에 대해 아기가 자신을 "거부하고 있다"고 믿게 되었다. 그녀는 배앓이를 심하게 하는 아기를 온종일 안고 있어야 했다. 페레즈 부인은 자신이 임신을 원하지 않았기 때문에 고통을 당하는 것이라고 여겼다.

남편이 대부분의 시간을 직장에서 보내는 상황에서, 페레즈 부인은 활발하고 요구가 많은 16개월 딸아이와 신생아를 돌보는 일이 매우 고달팠다. 그녀는 잠을 거의 자지 못했고, 지속적인 피로감 때문에 자주 울었으며, 어떻게 해야 하루를 무사히 보낼 수 있을지에 대한 걱정이 앞서게 되었다. 그러자 그녀의 시어머니가 아이들 양육을 돕기 위해 왔다.

페레즈 부인은 영어에 능통한 히스패닉 여성으로, 약 2년 전 첫아이를 임신하기 전까지는 커피숍에서 일했다. 그녀는 부모와 함께 지지적인 대가족 집안에서 자랐다. 그러던 중 남편이 직장을 옮기자, 친척들로부터 멀리 떨어진 지역으로 이사하게 되었다. 가족들 중에는 정신과 치료를 받은 적이 있는 사람은 없었지만, 우울증을 겪은 적이 있는 사람들은 있었던 것 같았다. 페레즈 부인은 정신과 병력도, 치료를 받은 적도 없었다. 그녀는 불법 약물이나 알코올을 사용한 적이 없다고 했다. 단, 수년간 흡연을 했으나, 첫째 아이를 임신하면서 담배를 끊었다. 페레즈 부인은 천식 병력이 있었고, 철분이 함유된 복합비타민 외에 그녀가 복용하는 약물은 없었다.

정신상태 검사 당시 페레즈 부인은 캐주얼한 옷차림에 매우 협조적이었다. 그녀는 몇 차례 시선 접촉을 했을 뿐, 말할 때는 시선을 바닥에 떨구는 경향이 있었다. 또한 말은 유창했지만 느렸고, 질문에 답할 때는 한참 동안 말을 멈추었다가 말하곤 했다. 그녀의 말의 어조는 높낮이가 거의 없었다. 그녀의 기분은 확실히 울적한 상태였고, 정동은 위축되어 있었다. 그녀는 자살사고와 살해사고는 하지 않는다고 했다. 또한 현재 상황이 아기를 원치 않아 했던 것에 대한 벌이라고 생각한 적은 있지만, 환각과 망상은 없다고 했다. 그녀의 지남력은 온전했고, 3가지 요소(자신의 이름, 장소, 시간)에 대해 정확하게 답했지만, 한 가지는 5분이 지나서야 기억해 낼 수 있었다. 그녀의 지능은 평균 정도였고, 병식과 판단력은 양호에서 우수 사이에 해당되었다.

진단

- 주요우울장애, 단일 삽화, 중등도 심각도, 정신병적 양상을 동반하지 않는 경우, 주산기 발병 동반

논의

페레즈 부인은 울적한 기분, 기력감퇴, 수면곤란, 정신운동 지연, 죄책감, 집중력 감퇴를 호소하고 있다. 사례보고서에는 식욕, 즐거움을 찾는 능력이나 죽음에 대한 생각에 대해 언급되지 않았지만, 그녀는 확실히 DSM-5의 주요우울증 진단에서 요구하는 기준인 9가지 증상 가운데 5가지 이상의 증상을 보이고 있다. 증상 유

발 인자로는 최근의 출산, 우울증 가족력, 복합적인 심리사회적 스트레스(남편의 지지 결여, 재정문제, 산통으로 고통받는 태아, 다루기 힘든 유아, 원가족들과의 지리적 거리)를 들 수 있다.

사례보고서에는 명확하게 제시되어 있지는 않지만, 페레즈 부인은 임신기간 내내 현저한 우울 증상이 있었고, 이 시기에 정신과 전문의에게 의뢰된 것으로 보인다. 그 이유는 우울증 악화 때문이 아니라 건강한 전문가, 즉 모유수유 간호사를 만났기 때문이었다. 만일 산후에만 우울해졌다면, 페레즈 부인의 증상 지속기간은 주요우울증 진단기준에서 요구하는 2주에 미치지 못할 수 있다. 그렇다면 페레즈 부인에게는 적응장애, 우울 기분 동반으로 진단하는 것이 더 적절할 수 있다. 페레즈 부인은 산후 발병으로 인해 단극성 우울장애보다는 양극성장애를 겪을 가능성이 높아지게 될 수 있다. 페레즈 부인을 양극성장애로 진단할 수 없다는 입장에서는 그녀에게 기분 삽화 병력이나 양극성장애 가족력이 없고, 알려진 조증이나 정신병적 증상이 없다는 사실을 언급할 것이다. 그럼에도 그녀가 분만 이후에 증상이 급격히 악화된 사실을 감안한다면, 양극성장애의 발병 가능성이 높다. 만일 페레즈 부인이 임신기간 내내 기분이 울적한 상태였고 출산 이후 단기간에 악화되었다면, 그녀의 증상들은 주요우울장애보다는 경도 우울장애(DSM-5에서는 달리 명시된 우울장애로 진단됨)에 해당되는 것으로 볼 수 있다.

그동안 수집된 과거력에 의하면, 페레즈 부인은 임신기간 내내 현저한 우울 증상을 나타냈던 것으로 보인다. 그녀는 자신이 "걱정이 많고 냉담해졌다"는 느낌이 들었고, "너무 지쳐서" 일을 할 수 없다고 했다. 이러한 사실은 특이한 우울 증상이 아닐 수 있다. 왜냐하면 산후 우울증 여성의 절반은 이미 임신기간에 우울증을 겪기 때문이다. 현재 DSM-5에는 임신기간 동안 또는 직후에 기분장애가 발병되는 여성들에 대해 "주산기 발병 동반"이라는 명시자가 있다. 페레즈 부인은 아기가 자기를 거부하고 있고, 자신이 현재 처한 상황을 벌 받는 것이라고 여기며 염려하고 있다. 이러한 점은 망상보다 과대평가된 생각으로 보인다. 따라서 정신병적 사고에 대해 지속적인 검사를 실시하는 것이 합당할 것이다.

또한 주요우울증 증상이 있는 사람들에게는 자살 위험 검사를 실시하는 것이 중요하다. 페레즈 부인은 이 증상에 대해 부인하고 있지만, 죽음에 대한 생각, 자기가 없어지는 것이 가족들에게는 차라리 더 나을 거라는 생각, 차라리 죽는 것이 자녀에게 더 나을 거라는 생각을 탐색해 보는 것이 잠재적으로 도움이 될 것이다. 경미한 정도의 산후 우울증 증상이 있는 많은 여성은 출산 후 몇 주 이내에 자발적으로 회복된다. 이러한 점에서 우울증 아형을 명확하게 확인하는 것이 중요하다. 이러한 현상은 정식 치료를 받지 않는 상황에서도 생길 수 있다. 이러한 이유로, 그리고 많은 여성이 계속해서 모유수유를 하고 싶어 한다는 점에서, 초기 치료는 약물치료보다는 심리치료가 적합할 것이다.

읽을거리

Munk–Olsen T, Laursen TM, Meltzer–Brody S, et al: Psychiatric disorders with postpartum onset: possible early manifestations of bipolar affective disorders. Arch Gen Psychiatry 69(4):428–434, 2012

O'Hara MW, Swain AM: Rates and risk of postpartum depression: a meta–analysis. Int Rev Psychiatry 8:37–54, 1996

Yonkers KA, Ramin SM, Rush AJ, et al: Onset and persistence of postpartum depression in an inner–city maternal health clinic system. Am J Psychiatry 158(11):1856–1863, 2001

Yonkers KA, Wisner KL, Stewart DE, et al: The management of depression during pregnancy: a report from the American Psychiatric Association and the American College of Obstetricians and Gynecologists. Gen Hosp Psychiatry 31(5):403–413, 2009

사례 3: 애도와 우울증
Grief and Depression

Richard A. Friedman, M.D.

앤드류 퀸Andrew Quinn(60세, 남)은 사업가로, 24세였던 아들이 세상을 떠난 지 2주 후, 오랫동안 자신의 치료를 담당했던 정신과 전문의를 다시 찾았다. 아들은 주요우울증과 물질남용과 씨름하다가 빈 약병 몇 개와 두서없이 작성한 유서를 남긴 채 주검으로 발견되었다.

평소에 문제가 많았던 아들과 긴밀한 관계를 유지했던 퀸 씨는 순간적으로 세상이 무너지는 느낌과 함께 삶의 의미를 잃었다. 그 후 2주가 지나서도 계속해서 아들의 모습이 떠올랐고, 물질남용과 자살을 막을 수 있었던 방법에 대해 '강박적'으로 집착하게 되었다. 퀸 씨는 자신이 나쁜 아버지였고, 출세에 눈이 멀어 아들과 많은 시간을 함께하지 못했다며 몹시 안타까워했다. 슬픔이 마음을 사로잡으면서, 퀸 씨는 일에 집중할 수 없었고 일상적인 사회생활에서도 크게 위축되었다. 전에는 일주일에 와인 몇 잔 마신 적 없었던 그가 매일 밤 와인 반병을 마시는 정도까지 주량이 늘었다. 당시 그의 정신과 전문의는 그에게 그가 애도와 분투하고 있고, 그러한 반응은 정상이라고 말해 주었다. 두 사람은 지지와 임상적 상황에 대한 지속적인 평가를 위해 만나기로 약속했다.

퀸 씨는 매주 정신과 전문의의 진료를 받았다. 아들이 자살한 지 6주가 되면서, 그의 증상은 더욱 악화되었다. 아들의 자살을 막기 위해 자신이 다르게 할 수도 있었던 것에 대한 그의 생각은 다소 완화되었다. 그러나 대신 죽었어야 할 사람은 어린 아들이 아닌 자기 자신이라는 생각에 더욱 집착했다. 그 결과, 그는 계속해서 잠을 이루지 못했고, 새벽 4시 반이 되면 잠이 깨어 천장만 바라보며 피로감, 슬픔, 무가치감에 압도되곤 했다. 이러한 증상들은 낮시간 동안은 나아지는 듯 했지만 증상이 지속되면서 점차 자신감, 성적 관심, 열정을 상실하였다. 그는 정신과 전문의에게 자신이 정상적인 애도과정에 있는 것인지, 아니면 주요우울증이 발병한 것인지 물었다.

퀸 씨는 이전에 2가지 주요우울증 삽화 병력이 있었고, 심리치료와 항우울제 약물치료로 개선되었던 적이 있으나, 30대 이후로는 현저한 우울 삽화는 없었다. 그는 알코올남용 또는 물질남용을 한 적이 없다고 했다. 그의 부모는 둘 다 '우울증'이 있었으나, 치료를 받지 않았다. 가족들 중에 자살한 사람은 아무도 없었다.

진단

- 주요우울장애

논의

아들의 자살 이후 몇 주 동안, 퀸 씨는 슬픔, 불면증, 사회적 위축, 활동에 대한 즐거움과 집중력 감퇴 증상을 보였다. 이러한 증상군은 일반 대중들뿐 아니라 전문의료진에게도 사랑하는 사람의 죽음에 대한 전형적인 애도 반응으로 인식되고 있다.

정신과 전문의와의 첫 만남에서 퀸 씨는 주요우울증에서 전형적으로 나타나는 다중 증상들을 나타냈다. 그러나 그 시점에서 나타낸 증상들은 정상적인 사별에 의한 반응으로 개념화하는 것이 더 바람직하다. 이러한 입장은 애도—고통과 기능이상에도 불구하고—가 전형적으로 특별한 임상적 주의 없이 2~6개월간 일정한 경로를 거쳐서 이루어진다는 사실에 근거하고 있다.

DSM-IV에서는 자살생각이나 정신병과 같이 심한 증상이 특징적으로 나타나지 않으면 주요우울장애major depressive disorder(MDD) 진단을 2개월간 유보해야 한다고 명시함으로써 애도의 정상성을 인정했다. 또한 복합적이지 않은 애도가 고통을 유발할 수 있지만 단기적이고 경미한 정도일 뿐, 주요우울증처럼 심각하게 기능을 손상시키거나 자살 위험성을 높이지는 않는다는 이유로 '사별반응 제외사별배제' 조항을 포함시켰다.

그러나 사람에 따라서는 사랑하는 이의 죽음뿐 아니라 재정파탄, 자연재해로 인한 상실, 또는 심한 의학적 질병이나 장애와 같은 트라우마를 겪고 나서 자율성 기분장애autonomous mood disorder가 발병되기도 한다. 극심한 고통과 심한 손상의 원인이 되는 기분증후군은 DSM-IV의 2개월 기준에의 부합 여부를 확인할 필요도 없이 임상적 주의가 요망된다는 점은 거의 확실하다. 이 시기에 우울증 증상의 대부분은 사별로 인한 것으로 간주된다.

사별과 주요우울증 사이에는 중요한 증상들이 중첩된다. 또한 어떤 증상이 지속되거나 강화되며, 어떤 것이 자체적으로 회복될 것인가는 예측하기 어렵다. 게다가, 사랑하는 이의 상실과 자연재해로 인한 가옥 상실 사이의 심리적 차이점이 무엇인지는 여전히 불확실하다. 그렇기 때문에 그동안 정신건강 전문가들은 MDD와 사별 사이를 미세하게 조정하는 작업에 주의를 기울여 왔다.

사별반응 배제 조항에 대한 재정의는 DSM-5에서 제안된 수정안에 있어서 가장 뜨거운 논란거리들 중 하나였다. 이는 보편적인 인간의 경험—애도—을 포함하고 있을 뿐 아니라 정신의학에 관한 핵심적인 관심사를 불러일으키는 사안이기 때문이었다. 즉, 이 2가지 쟁점은 정신의학 분야의 안팎에서 논란거리가 되어 왔다. 어떤 것이 정상인가? 그동안 다양한 DSM-5 초안에 대한 논의가 있었고, 많은 사람(나를 포함해서)은 사별반응 제외 기준을 삭제하는 것은 정상적인 애도를 의학적 증상으로 간주하여 건강한 사람들에게 정신의학적 진단명을 부여하는 잘못을 저지르게 될 것이라고 염려했다. 결국 출간된 바와 같이, DSM-5는 아주 적정한 수준으로 수정되었고, 사별반응 제외 기준에 대한 논란은 이 사례와 전혀 무관하지 않다.

애도 맥락에서의 우울 증상 평가에 있어서, DSM-5에서는 퀸 씨의 정신과 전문의에게 임상적 판단을 통해 애도의 전형적인 반응(공허감과 상실감)과 MDD의 전형적인 반응(지속적 우울 기분, 무쾌감증anhedonia, 비관적 되새김) 사이를 감별할 것을 제안하고 있다. 애도로 인한 불쾌감은 몇 주 지나면서 점차 약화되어야 한다. 물론 고인에 대해 초점을 맞추게 되는 애도의 아픔 때문에 갑작스럽게 불쾌감이 엄습하는 경우가 발생하기도 한다. MDD의 우울 증상들은 독자적으로 고인과 연결되어 있는 정도가 약하고, 정적인 정서와 유머에 의해 완화되지 않으며, 자기비판과 무가치감이 동반될 가능성이 더 높다.

아들의 자살 후 2주 만에 퀸 씨를 만난 정신과 전문의는 그의 반응을 정상적인 애도 반응의 테두리 안에 있는 것으로 간주했다. 동시에, 퀸 씨에게는 애도 중에 있는 사람들에게서 흔히 나타나지 않는 MDD에 대한 위험요소가 있었다. 그에게는 2가지 주요우울증 삽화 과거력이 있었다. 또한 그의 가족력에는 양쪽 부모 모두 우울증 병력이 있었고, 아들 역시 우울증을 앓고 있었을 가능성이 있다. 이러한 인자 모두가 아들의 죽음이라는 맥락에서 퀸 씨의 MDD 발병 가능성을 높이고 있다.

MDD 진단을 유보하는 동안, 정신과 전문의는 매주 퀸 씨에 대한 진료를 계속하고 있었다. 6주 정도 지나면서, 그의 증상은 인지적 증상과 자율신경계 증상의 강도와 발달 측면에서 악화되었다. 이로써 주요우울증 진단이 명확해졌다. DSM-IV의 2개월 사별반응 제외 기준에 따라, 퀸 씨의 정신과 전문의는 2개월이 될 때까지 추가로 몇 주 더 MDD 진단을 유보했을 수 있다. 이와는 대조적으로, DSM-5에서는 2주와 2개월 사이에 MDD로 진단하는 것을 제한하지 않고 있다. 이러한 변화 덕분에 퀸 씨는 DSM-5에서의 MDD 진단을 보다 신속하게 받게 될 수 있을 것이다.

2개월 사별반응 제외 기준을 제외시키는 안에 찬성하는 전문가들은 퀸 씨에 대한 임상적 평가를 반길 것이다. 악화된 증상과 강한 정도의 우울증에 대한 개인 병력과 가족력이 있다는 점에서, 퀸 씨는 구체적인 임상적 주의가 요망된다. 이렇게 관심을 기울이는 것은 의미가 있다. 왜냐하면 사별한 사람들의 10~20%가 고인에 대한 강렬한 그리움과 우려할 정도의 집착과 죽음에 대한 분노감과 불신감이 특징인 복합적인 애도 증후군을 경험하고 있기 때문이다. 더욱이 일반 모집단에서 주요우울증이 있는 사람들의 절반과 일차진료 환경에 있는 우울증 환자의 33%가 어떤 형태로든 우울증 치료를 받고 있다.

그러나 애도과정에 있는 사람들이 흔히 겪게 되는 우울증은 주요우울증을 의미하지 않는다. 예를 들어, 알코올과 관련 조건에 관한 국립역학조사National Epidemiologic

Survey on Alcohol and Related Conditions 데이터를 사용한 연구에 의하면, 기초선에 있는 사별 관련 우울증후군이 있는 피험자들은 3년간의 추수조사 기간에 기초선에 있는 주요우울증 생애력이 없는 사람들보다 주요우울 삽화를 덜 겪었다. 이러한 데이터는 대부분의 사람에게 있어서 애도는 자체적으로 해결된다는 폭넓은 관점을 확인해 주었다.

DSM-5에서는 이러한 현실을 인정하면서, 임상가들이 자신의 판단력을 활용하여 임상적 우울과 애도를 구분해 줄 것을 권고하고 있다. 이처럼 주요우울증 진단의 장벽을 낮추는 것이 임상적 주의가 요망되는 환자들을 판별하는 데 도움이 될 것인지, 아니면 애도를 정신질환으로 삼아야 할 것인지의 여부에 대한 논란의 여지는 여전히 남아 있다. 그동안 임상가들은 애도는 때로 주요우울증을 촉발시킬 수 있지만, 애도 그 자체는 전적으로 상실에 대한 정상적인 정서적 반응이므로, 반드시 치료가 필요한 것은 아니라는 사실을 인식해야 할 것이다.

읽을거리

Friedman RA: Grief, Depression and the DSM-5. N Engl J Med 366(20): 1855-1857, 2012

Kessler RC, Berglund P, Demler O, et al: The epidemiology of major depressive disorder: results from the National Comorbidity Survey Replication (NCS-R). JAMA 289(23):3095-3105, 2003

Mojtabai R: Bereavement-related depressive episodes: characteristics, 3-year course, and implications for the DSM-5. Arch Gen Psychiatry 68(9):920-928, 2011

Shear K, Frank E, Houck PR, Reynolds CF 3rd: Treatment of complicated grief: a randomized controlled trial. JAMA 293(21):2601-2608, 2005

사례 4: 삶의 흥미 상실
Lost interest in Life

Anthony J. Rothschild, M.D.

바바라 라이스Barbara Reiss(51세, 여, 백인)는 "자살하고 싶다"는 주 호소 내용으로 남편에 의해 응급실로 실려 왔다. 라이스 부인은 4개월 전쯤 "삶의 흥미를 잃기" 시작했다. 당시 그녀는 거의 매일 우울증을 호소했고, 증상은 갈수록 악화되었다. 그녀는 식욕을 느끼지 않아서, 다이어트를 하지 않았음에도 체중이 9파운드(4kg)나 줄었다(현재 체중=105파운드[48kg]). 그녀는 거의 매일 밤 잠들기 어려워했고, 일주일이면 며칠 동안 새벽 3시에 잠이 깼다(평소에는 오전 6시 30분에 잠을 깸). 그 결과, 기력, 집중력, 개 사료 공장에서의 관리직 업무를 수행할 능력을 점차 상실했다. 라이스 부인은 자신의 실수로 수천 마리의 개가 죽게 될 것이고, 이로 인해 곧 붙잡히게 될 것이므로 교도소에 가기보다는 차라리 자살하는 것이 낫다고 생각했다.

일주일 전, 라이스 부인의 우울 기분을 인식한 일차진료 의사는 서트랄린sertraline을 처방해 주고 나서 정신과 병원에 그녀의 감정을 의뢰했다. 라이스 부인은 이전에 정신병 병력이 없다고 했지만, 자매 중 한 사람이 우울증을 앓았다. 라이스 부인은 경조증이나 조증도 앓은 적이 없다고 했다. 그녀는 저녁식사 때면 보통 와인 한 잔을 마셨고, 두 번째 잔은 잠드는 데 도움이 되리라는 생각으로 잠자리에 들기 직전에 마셨다. 라이스 부인은 현재의 남편과 결혼한 지 20년 되었고, 슬하에 학교에 다니는 자녀 셋을 두었다. 그녀는 현재 다니는 회사에 13년째 근무 중이며, 불법 약물을 사용한 적이 없다고 했다.

일주일 전 일차진료 의사가 실시한 신체검진에서는 이렇다 할 원인이 발견되지 않았다. 일반혈액검사complete blood count, 전해질electrolytes, 혈액 요소성 질소blood urea nitrogen, 크레아티닌creatinine[*역자 주. 척추동물의 근육, 오줌, 혈액 속 백색 결정], 칼슘, 포도당, 갑상선기능검사thyroid function tests, 엽산folate, 비타민 B12를 포함한 모든 검사실 검사 역시 정상이었다.

정신상태 검사에서 라이스 부인은 협조적이었고, 정신운동 초조를 나타냈다. 그녀는 대부분의 질문에 대해 단순히 "네" 또는 "아니요"로 짧게 답했다. 말의 속도와 음조는 정상적이었고, 사고이탈의 정황은 없었다. 그녀는 환각을 체험하거나 특이한 사고를 해 본 적이 없다고 했다. 그녀는 자신이 직장에서 저질렀다고 믿고 있는 실수에 대해 언급했고, 개들을 죽게 한 혐의로 곧 붙잡힐 것이라고 말했다. 그녀는 이 모두 "망상"이 아닌 사실이라고 우겼다. 최근 및 이전 기억은 전반적으로 온전했다.

진단

- 주요우울장애, 단일 삽화, 중등도, 정신병적 양상 동반

논의

DSM-IV에서 주요우울장애(MDD) 삽화군의 핵심 기준과 적어도 2주간 지속되어야 한다는 필수요건은 DSM-5에서도 수정되지 않았다. 라이스 부인은 주요우울증 증상 기준 가운데 9개 기준(① 우울 기분, ② 의욕 또는 즐거움 상실, ③ 체중 감소, ④ 불면증, ⑤ 정신운동 초조, ⑥ 기력상실, ⑦ 과도한 죄책감, ⑧ 주의력 문제, ⑨ 죽음에 대한 생각) 모두를 나타냈다. 주요우울증으로 진단되기 위해서는 5가지 기준만 충족되면 된다.

우울증 진단을 내리기에 앞서, 의학적 원인의 가능성은 반드시 확인 · 배제[rule out]되어야 한다. 최근에 실시한 의학적 검사는 별로 도움이 되지 않았고, 라이스 부인에게 의학적 동반이환의 증거는 없었다. 우울증의 원인을 나타내는 단서 역시 없었다. 이 경우, 양극성장애의 가능성 탐색이 중요하다. 사례보고서에는 압출언어나 위험감수 등의 증상에 대한 언급은 없었다. 그러나 조증 증상은 때로 간과될 수 있고, 양극성장애 진단은 치료에 영향을 미칠 수 있다. 환자는 밤마다 와인 두 잔을 마신다고 하는데, 이 정도로는 증상 발생에 영향을 미치는 것 같지는 않다.

그러나 만일 그녀가 자신의 음주행위를 과소평가하고 있다면, 그녀는 알코올로 유발된 우울장애로 진단될 것이다. 복합적인 약물치료와 물질남용 역시 심한 우울증과 정신병의 원인이 될 수 있다. 독소검사가 그랬듯이, 부수적인 병력이 도움이 될 수 있다.

라이스 부인 역시 MDD의 맥락에서 정신병적 증상(망상)을 보이고 있다. 주요우울증의 심각도 평가에서 정신병적 양상을 분리한 것은 DSM-5에서 새롭게 선보이는 것이다. 달리 말해서, 정신병적 양상이 있는 MDD는 반드시 '고도'로 간주되지 않는다. 라이스 부인의 정신병적 증상들은 '기분과 일치하는'으로 분류될 것이다. 그 이유는 망상 내용이 부적절성, 죄책감, 질병, 죽음, 허무주의^nihilism^ 및/또는 받아 마땅한 체벌과 같은 전형적인 우울증 주제와 일치하고 있기 때문이다. DSM-5에서 눈에 띄는 점은 기분과 일치하는 양상에 우선권을 주는 위계가 "기분과 일치하는"과 "기분과 일치하지 않는" 정신병이 공존하고 있는 사례들의 유목화에 적용되고 있다는 것이다.

정신병적 양상들은 흔히 주요우울증에서 간과될 수 있다. 라이스 부인의 개를 죽이는 망상은 자발적으로 보고된 것이어서 사실이 아닌 것으로 보이지만, 많은 환자들 대부분은 조심스러워하면서 이러한 정보조차 제공하지 않는 경향이 있다. 더욱이 괴이하지 않으면서 고정되고 잘못된 신념은 임상가에게 합리적인 것으로 들릴 수 있다. 환자들의 이러한 쟁점에 접근하기 위한 한 가지 방법은 정신병이나 망상과 같은 단어 사용을 피하고, 대신 '비합리적인 염려'에 관하여 물어보는 것이다.

읽을거리

Maj M, Pirozzi R, Magliano L, et al: Phenomenology and prognosis significance of delusions in major depressive disorder: a 10-year prospective follow-up study. J Clin Psychiatry 68(9):1411-1417, 2007

Rothschild AJ (ed): Clinical Manual for the Diagnosis and Treatment of Psychotic

Depression. Washington, DC, American Psychiatric Publishing, 2009
Rothschild AJ, Winer J, Flint AJ, et al: Missed diagnosis of psychotic depression at 4 academic medical centers. J Clin Psychiatry 69(8): 1293–1296, 2008

사례 5: 절망감
Despair

Cheryl Munday, Ph.D.
Jamie Miller Abelson, M.S.W.
James Jackson, Ph.D.

크리스털 스미스[Crystal Smith](33세, 여)는 아프리카계 미국인 가정주부로, 지난 8~10개월에 걸쳐 점차 악화되어 온 절망감에 대해 "이야기 나눌 사람"을 찾기 위해 외래환자 클리닉을 찾았다. 그녀는 특히 부부갈등과 시댁 식구들에 대한 불신을 호소했다.

스미스 부인은 동트기 전에 잠을 깨고, 마음이 울적해지며, 눈물짓게 된다고 말했다. 그녀는 일상적인 가사일은 물론 침대에서 일어나기조차 힘들어했다. 그러면서 "보통 때의 자기"와 달라졌다는 사실에 대해 남편에게 죄책감이 들었다. 또한 남편과 시댁 식구들의 사소한 실수에도 쉽게 화를 낸 적도 있다. 그리고 시어머니에게 아이들을 맡긴 적이 있으나, 이젠 더 이상 이러한 일을 맡길 만큼 시어머니를 신뢰하지 않게 되었다는 것이다. 이러한 염려로 인해 스미스 부인은 불면증과 피로감 때문에 자녀들을 시간에 맞추어 등교시키는 일조차 힘들어했다. 지난 수개월 동안, 그녀는 다이어트를 하지 않은 상태에서 체중이 13파운드(6kg) 줄었다. 그녀는 현재 자살생각을 부인하면서 '그런 일은 결코 하지 않을 것'이라고 말했다. 그러면서도 "그저 포기해야 해." "차라리 죽어 버리는 것이 나을 것 같아."라는 생각은 한 적이 있다고 했다.

당시보다 2개월 전, 스미스 부인은 여러 주 동안 정신과 전문의에게 플루옥세틴 처방을 받았다. 마지못해 진료를 받았던 그녀는 약물로 인해 피로가 가중된다는 이유로 약물치료를 즉각 중단했다. 또한 정신과 전문의가 자신을 이해하지 못하는 것 같다는 것이 또 다른 치료 중단의 이유였다.

스미스 부인은 13년간 함께한 남편, 학교에 다니는 두 자녀와 함께 살았다. 시부모는 바로 옆집에 살았다. 그녀는 자신의 결혼생활에 별문제가 없다고 했다. 그런데 남편은 그녀에게 "다른 사람을 만나 보면 온종일 모든 사람에게 소리 지르는 일은 하지 않게 되지 않겠냐"고 제안했다. 그녀는 한때 사회성이 높았었으나, 어머니와 자매들과 더 이상 대화를 하지 않게 되었을 뿐 아니라 친구들에게는 더욱더 말을 하지 않았다. 교회에 정기적으로 출석하던 그녀는 자신의 믿음이 "약한" 느낌이 든다는 이유로 교회 출석을 그만두었다. 그녀가 다니던 교회의 목사는 늘 그녀에게 지지적이었으나, 그녀는 자신의 문제 때문에 그와의 접촉을 끊었다. "그가 자신의 이러한 문제에 대해 듣고 싶어 하지 않을 것"이라는 것이 그 이유였다.

스미스 부인은 자신의 어린 시절 모습을 외향적이고 친절한 아이로 기억하고 있었다. 그녀는 부모와 세 형제자매와 함께 자랐으나, 그녀가 10, 11세 때 되던 해에 부모가 이혼했다. 그녀는 어머니의 재혼에 몹시 화가 났다고 회상했다. 당시 그녀는 학교에서 다른 아이들과 다투다가 평소 유대감을 느꼈던 학교상담자에게 상담을 받은 적이 있었다. 이 상담자는 최근에 진료를 맡았던 정신과 전문의와는 달리, "사생활을 침범"하지 않고도 그녀의 회복을 도와주었다는 느낌이 들었다고 했다. 중학교에 입학하면서 그녀는 더욱 말이 없어졌고, 친구도 별로 없었으며, 공부에도 거의 흥미가 없었다. 20세가 되면서 그녀는 현재의 남편과 결혼했고, 23세 때 첫아이를 출산할 때까지 소매점 판매원으로 일했다.

스미스 부인은 첫아이를 임신한 이래 술을 마시거나 불법 물질을 사용해 본 적이 없다고 했다. 그녀는 항우울제 약물치료를 짧은 기간 받은 것 외에는 과거와 현재 치료약물을 복용한 적이 없다고 했다. 그녀는 대체로 건강이 좋은 편이라고 했다.

정신상태 검사 당시 스미스 부인은 캐주얼한 의상을 착용한 젊은 여성으로, 조리 있고 목표 지향적인 모습을 보였다. 그녀는 백인 중년인 치료자와 시선 접촉을 어려워했다. 그러면서도 대체로 협조적이었으나, 때로 경계하는 듯한 모습을 보였고, 비교적 반응이 느린 편이었다. 또한 자신의 생각을 구체적으로 언급할 때는 격려를 필요로 했다. 그녀는 주기적으로 울먹였고, 대체로 슬퍼 보였다. 그녀는 자신에게 정신병 증상은 없다고 했으나, 가끔 가족에 대해 신뢰감이 들지 않는다고 했다. 그녀는 자신에게 혼돈, 환각, 자살 경향성, 살해 경향성이 없다고 했고, 인지, 병식, 판단력은 모두 정상이었다.

진단

- 주요우울장애, 중등도, 멜랑콜리아 양상 동반

논의

스미스 부인은 8~10개월간 지속된 우울 기분, 무쾌감증, 수면곤란, 체중 감소를 동반한 식욕감퇴, 무력증, 그리고 죽음에 대한 생각을 호소하고 있다. 그녀는 주요우울증 증상 기준 9가지 가운데 필수요건인 5가지에 쉽게 부합된다. 증상이 물질 또는 다른 의학적 상태에 의한 것인지에 대한 증거는 없다. 그녀는 임상적 주의가 확실시되는 범위까지 고통을 받고 있고 기능이상 상태에 있다. 따라서 그녀는 DSM-5의 주요우울장애(MDD) 기준에 부합되고, 고전적인 멜랑콜리아 양상을 보이고 있다. 즉, 그녀는 거의 모든 활동에서 즐거움을 상실했고, 우울 기분의 독특한 특성(최고도의 의기소침과 절망감)이 나타나고 있으며, 아침마다 규칙적으로 증상이 악화되고, 체중이 현저하게 감소되었으며, 과도한 정도로 죄책감을 느끼고 있다.

스미스 부인의 과민성은 현저하게 나타나고 있는 상태다. 특히 정신과 질환을 큰 오점으로 인식하는 경향이 있는 아프리카계 미국인들에게 있어서는 과민성이 슬픔보다 더 흔히 나타날 수 있다. 과민성에 대한 불만은 조증이나 경조증의 일부가 될 수 있지만, 스미스 부인에게는 조증의 다른 증상은 없다. 한 가지 중요한 우울증 명시자는 MDD가 단일 삽화인지 재발성인지의 여부다. 스미스 부인의 주요우울증이 어렸을 때 부모의 이혼 직후에 발병했는지는 분명치 않다. 이를 밝혀내려면, 임상가는 오래전의 증상들에 대해 탐색해 봐야 할 것이다. 당시에 과민성으로 급우들과의 다툼으로 인해 학교상담자에게 의뢰되었던 사실은 흥미롭다. 교사들이 부모의 이혼 사실을 알았다면, 그녀가 우울증에 빠져 있다는 사실을 파악하는 데 도움이 될 수 있었을 것이다. 그러나 그녀가 도움이 필요한 우울증을 겪고 있는 여학생으로보다는 '충동적이고 파괴적'이라는 별칭이 붙여지게 된 점은 그리 특이한 일은 아닌 것 같다.

스미스 부인이 추가로 지속성 우울장애(기분저하증) 진단을 받을 만큼 슬픈 기분이 지속되었는지(2년 이상)를 결정하기 위해서는 개입과정에 대한 상세한 정보가 요구된다. 지속성 주요우울증은 백인들보다 흑인들 사이에서 더 흔하다. 게다가 대체로 주요우울증 유병률이 낮음에도 불구하고, 심각도와 장애의 정도는 더 심한 경향이 있다. 아프리카계 미국인들의 낮은 정신건강 서비스 이용률과 치료 신청 지연은, 낮은 항우울제 치료 수혜율에서 볼 수 있듯이, 병을 지속시키는 원인이 될 수 있다. 스미스 부인은 노곤해진다는 이유로 플루옥세틴 복용을 중단했지만, 진짜 이유는 약물치료와 치료자에 대한 불신 때문이었을 수 있다.

스미스 부인은 정신건강 전문가를 경계하고 있다. 그녀는 이전에 만났던 정신과 전문의의 "본업에만 충실한 것 같은 태도"를 좋아하지 않았다. 그러면서 최근에 만난 정신과 전문의와는 시선도 마주치지도 않았고, 단지 중년 백인으로 묘사했다. 이처럼 인종, 민족, 사회경제적 특성이 다른 점은 치료 동맹·유지에 영향을 미칠 수 있다. 스미스 부인에 대한 치료적 성과는 부분적으로 치료에 영향을 미칠 수 있는 문화적 차이로 인한 불신을 능숙하게 다룰 수 있는 치료자의 역량에 달려 있을 수 있다.

읽을거리

Alegria M, Chatterji P, Wells K, et al: Disparity in depression treatment among racial and ethnic minority populations in the United States. Psychiatr Serv 59(11):1264–1272, 2008

Cooper LA, Roter DL, Carson KA, et al: The associations of clinicians' implicit attitudes about race with medical visit communication and patient ratings of interpersonal care. Am J Public Health 102(5):979–987, 2012

Fava M, Hwang I, Rush AJ, et al: The importance of irritability as a symptom of major depressive disorder: results from the National Comorbidity Survey Replication. Mol Psychiatry 15(8):856–867, 2010

González HM, Croghan T, West B, et al: Antidepressant use in black and white populations in the United States. Psychiatr Serv 59(10):1131–1138, 2008

González HM, Vega WA, Williams DR, et al: Depression care in the United States: too little for too few. Arch Gen Psychiatry 67(1):37–46, 2010

Neighbors HW, Caldwell C, Williams DR, et al: Race, ethnicity, and the use of services for mental disorders: results from the National Survey of American Life. Arch Gen sychiatry 64(4):485–494, 2007

Williams DR, González HM, Neighbors H, et al: Prevalence and distribution of major depressive disorder in African Americans, Caribbean blacks, and non–Hispanic whites: results from the National Survey of American Life. Arch Gen Psychiatry 64(3):305–315, 2007

사례 6: 수년간의 감정저하

Feeling Low for Years

Benjamin Brody, M.D.

다이앤 테일러Diane Taylor(35세, 여)는 실험실 기술자로, 그녀가 근무하는 대형 제약회사의 근로자 지원 프로그램employee assistance program(EAP)에 의해 대학 메디컬센터의 외래환자 정신과에 의뢰되었다. 그녀의 직장 상사는 긍정적인 연간 업적평가로 볼 수 있는 경미한 비판에도 그녀가 울먹이자, 테일러 양을 EAP에 의뢰했다. 당황스러워하던 테일러 양은 진료를 담당한 정신과 전문의에게 자신이 "수년간 마음이 울적한 상태"였고, 업무에 대해 비판하는 말을 듣는 것은 "부담이 너무 크다"고 했다.

캐나다 서부에서 태어난 테일러 양은 화학 전공으로 대학원 진학을 하기 위해 미국에 왔다. 그녀는 박사과정을 마치기 전에 대학원을 그만두고 실험실 기술자로 근무하였다. 그녀는 자신의 일에 좌절감을 느꼈다. 일을 하면서도 "막다른 길"에 들어선 것 같은 느낌이 들면서, 그녀는 자신이 만족스러워할 수 있는 일을 찾는 능력이 부족하다는 생각 때문에 두려워졌고, "삶에서 별로 한 일이 없다"는 죄책감으로 고심했다고 한다.

직장생활에서의 문제가 있지만, 테일러 양은 어려움 없이 집중할 수 있다는 느낌이 들었다. 그녀는 적극적 자살사고를 가지고 있지 않지만, 때로 "인생의 핵심적인 의미가 무얼까?" 하고 궁금했다고 한다. 담당의사의 질문에 대해 그녀는 때로 잠들기 어렵지만, 체중 또는 식욕에는 변화가 없다고 답했다. 그녀는 때로 동료 직원과 외출하곤 했지만, 잘 알지 못하는 사람들과 어울려야 하는 상황에서는 수줍고 어색해진다고 했다. 그녀는 조깅과 야외활동을 즐기고 있고, 이성관계가 "오래 지속되지는 않지만," 자신의 성욕은 정상이라는 느낌이 든다고 했다. 또한 자신의 증상은 증감을 반복해 오다가 지난 3년간은 지속적으로 유지되고 있는 것 같다고 했다. 그러나 조증이나 경조증 증상은 없다고 했다.

테일러 양은 외동이로 태어나 자랐고, 성장과정에서는 아버지와 가까웠다. 아버지는 약국을 운영하는 약사였다. 그녀는 아버지를 "사냥과 낚시를 좋아했던 정상적인 남성"이며, 자신을 하이킹에 데리고 가는 것을 좋아했다고 회상했다. 어머니는 간호사로, 자신을 낳자마자 퇴직했고, 테일러 양과는 정서적으로 멀었으며, 우울증이 있었던 것 같았다고 했다.

테일러 양은 아버지가 백혈병leukemia으로 입원을 반복했던 고등학교 시절에 처음으로 우울증이 생겼다. 당시 그녀는 우울증 치료를 위해 심리치료를 받았는데, 효과가 좋았다고 했다. 그녀에게는 다른 정신과 또는 의학적 병력은 없었고, 복용하던 약물은 복합비타민과 경구 피임약oral contraceptives뿐이었다. 몇 가지 다른 치료를 제안받자, 그녀는 약물치료와 심리치료를 선호한다고 말했다. 그래서 시탈로프람citalopram을 복용하기 시작했고, 지지적 심리치료에 참여했다. 치료가 시작된 지 수개월 후, 그녀는 어린 시절 가족의 친구에 의해 성적 학대를 당한 사실을 털어놓았다. 또한 그녀에게는 여성 친구들이 거의 없고, 남성들과 역기능적이고 간헐적으로 폭력을 당하는 관계 패턴을 유지해 왔다는 사실이 밝혀졌다.

진단

- 지속성 우울장애(기분저하증)

논의

과거 오랫동안 우울증이라는 병은 항상 단편적인 삽화로 발생하지 않는다고 인식되어 왔다. 또한 극소수의 환자만이 다양한 심각도의 만성 우울증으로 고통을 겪는 것으로 알려져 왔다. 초기에 출간된 DSM에서는 경도의 만성 우울증을 성격장애로 묘사하기도 했다. 그러나 DSM-III에서는 보다 경미한 정도의 만성 우울증은 기분부전장애dysthymic disorder[***역자 주.** '감정부전장애' '기분저하병' '기분저하장애'라고도 불림]라 불리는 정동질환affective illness으로 소개되었다.

이렇게 진단명이 바뀌게 된 이유는 이 장애가 항우울제 약물치료에 좋은 반응을 보인다는 연구결과들을 반영했기 때문이지만, 여전히 논란의 여지는 있다. 이러한 환자들은 만성적인 사회적 기능이상, 직업적 어려움, 둔화된 인지양식 때문에 불쾌감을 느끼고 있는가? 그렇지 않으면 이들은 만성적인 근원적 우울증으로 인해 관계와 대인관계 기술이 위축atrophy되고 있고, 선택적인 주의력 편향attentional bias이 부정적인 생활사건으로 이어지고 있는가?

DSM-III에서 처음 개념화되었을 때, 기분저하증은 덜 심각하지만 보다 만성적인 급성 주요우울증의 이형variant으로 기술되었다. 그러나 "순수한pure" 기분저하증(예, 주요우울증 삽화를 동반하지 않는 지속성 경도 우울증)은 드물다는 증거자료가 축적되었고, 이는 만성 우울증의 스펙트럼에 대한 기술로 이어졌다. 이들 중 기분저하증은 가장 경미한 정도의 장애였다. 이보다 약간 더 심한 장애는 "이중우울증double depression" 또는 기초선 기분부전 상태와 중첩된 주요우울 삽화였다.

그다음으로 심한 장애는 불완전한 회복기간으로 연결된 2가지 또는 그 이상의 주요우울 삽화였다. MDD 기준에 완전히 부합될 만큼 2년간의 심한 증상들이 나타난다는 것은 가장 심한 상태임을 의미하는 것이었다. 그러나 실제로는 환자들이 이 기준에 부합될 정도로 자신의 증상에 기복이 있었는지 기억해 내기는 쉽지 않다. 현재 DSM-5에서는 이러한 패턴에 대한 내용을 지속성 우울장애(기분저하증) 진단의 명시자로 활용하고 있다.

테일러 양은 이 DSM-5 진단기준에 부합되는가? 그녀는 확실히 만성 증상을 가지고 있었다. 심한 정도의 직업적 · 대인관계상의 손상에도 불구하고, 그녀는 주요우울증의 역치 아래에 속하는 우울증의 심리적 증상(자율신경계 증상은 아님)이 있음이 확실시된다. 그러나 이러한 증상이 지난 2년에 걸쳐 일관성 있게 지속되었다고 보기는 어렵다. 예를 들어, 테일러 양은 평가 당시 집중곤란 증상이 없다고 했지만, 그녀의 고용주들은 과거의 다른 시점에서 그녀에게 집중곤란 문제가 있다는 느낌이 들었을 수 있다. DSM-5 기준에 의하면, 그녀는 때로 주요우울증으로 진단될 수 있지만, 현재의 진단은 여전히 지속성 우울장애(기분저하증)로 진단될 수 있다.

정동질환과 성격의 상호작용 역시 테일러 양의 스토리에 등장한다. 테일러 양은 자신이 세계관 형성과 우울증 증상을 영속시킬 수 있는 성격 특질(불안, 금단, 제한된 정동, 친밀성 회피, 비판에 대한 민감성)을 나타내고 있다. 테일러 양이 동반이환된 회피성 성격장애 기준에 부합되는지 여부에 관계없이, 이러한 성격 특질은 치료를 복잡하게 만들 수 있고 치료 성과를 크게 떨어뜨리는 원인으로 작용할 수 있다. 이러한 역기능적인 성격 특질은 그녀의 기분부전 증상의 해소와 함께 개선될 수 있을 것이다.

읽을거리

Blanco C, Okuda M, Markowitz JC, et al: The epidemiology of chronic major depressive disorder and dysthymic disorder: results form the National Epidemiologic Survey on Alcohol and Related Conditions. J Clin Psychiatry 71(12):1645–1656, 2010

Kocsis JH, Frances AJ: A critical discussion of DSM–III dysthymic disorder. Am J Psychiatry 144(12):1534–1542, 1987

사례 7: 기분 기복
Mood Swings

Margaret Altemus, M.D.

에마 왕[Emma Wang](26세, 여)은 투자은행가로, 남자 친구와의 관계를 손상시키는 기분 기복으로 인해 외래환자 정신과 전문의에게 의뢰되었다.

왕 양에 의하면, 그녀는 남자 친구와 최근에 심한 말다툼을 했는데, 말다툼은 그녀가 데이트 약속시간에 조금 늦은 것이 발단이 되었다고 했다. 남자 친구와의 말다툼 와중에, 그녀는 남자 친구에게 고함을 질렀고, 두 사람의 관계는 그것으로 끝이 났다. 그 후 왕 양은 실의에 빠져 죄책감에 시달렸고, 자기비판적 양상을 보였다. 왕 양은 두 사람의 관계를 되돌리기 위해 남자 친구에게 전화를 걸었지만, 그녀의 남자 친구는 그녀의 "PMS[*역자 주. 월경전증후군] 폭발"에 지쳤다면서 전화를 끊었다. 그 순간 그녀는 자신의 왼쪽 손목을 칼로 살짝 그었다. 이러한 행동은 왕 양이 10대 이후부터 불안 감소를 위한 "꽤 괜찮은" 방법으로 여겨 온 것이었다.

왕 양에게 기분 기복은 매달 난데없이 나타나곤 했다. 그때마다 그녀는 긴장이 고조되었고, 주위 사람들에게 사사건건 시비를 걸곤 했다. 그런 다음에는 불안, 슬픔, 후회감이 엄습했다. 그녀는 때로 남자 친구에게 소리를 질러댔고, 친구들, 일, 가족들에 대해서도 몹시 속상해하곤 했다. 그러면서 "미스터 하이드Mr. Hyde"가 되는 주에는 사회활동이나 전화 통화를 피했다. 그때가 되면, 그녀는 "평상시 스스로 즐거워하던" 자신이 아니었고, 친구들과도 거리를 두곤 했다. 그녀는 "불행하다"는 느낌이 들 때도 일을 했지만, 기력과 집중력이 크게 떨어지는 느낌이 들었다. 그러면서도 무심한 금융기관을 위해 자신의 청춘을 "낭비하는" 선택을 한 것에 대해 자책감이 들었고, "자기연민"에 빠져 후회스러워했다.

왕 양은 "절망감"을 느낄 때마다 치료를 받아야겠다고 다짐을 하곤 했다. 그러나 월경이 시작되면, 극적으로 나아져 이전의 자신의 모습으로 돌아가게 되어 정신과 전문의를 찾을 시간을 내지 못했다. 월경기간이 지나면, 수 주 동안 그녀의 느낌은 "양호했고, 아주 좋았으며, 평소와 같았다."

왕 양에 의하면, 그녀의 기분 기복은 언제나 "끔찍한 PMS 같은" 월경기간이 시작되기 7~10일 전에 나타났다. 월경기간은 규칙적이었고, 월경 전에는 유방이 유연해지고 부풀어 올랐으며, 식욕과 체중이 증가했다. 월경이 시작될 무렵이 되면, 그녀는 "갑자기 좋은" 느낌이 든다고 했다. 그녀는 알코올 또는 불법 물질은 사용하지 않았고, 정신병 증상, 조증이나 강박사고 증상의 병력은 없다고 했다. 또한 자살사고와 이전의 자살시도, 정신병원에 입원했던 적도 없다고 했다. 그리고 알레르기와 의학적 문제 역시 없고, 다만 피임약만 복용하고 있다고 했다. 가족력에 의하면, 어머니가 우울증의 조짐이 있었다. 왕 양은 대만에서 태어나 14세 때 기숙학교에 다니기 위해 미국으로 건너왔다. 그 후 유수한 경영대학원을 졸업하였고, 언니와 함께 현재 거주지로 이사했다.

정신상태 검사에서 왕 양은 패션 감각이 있는 의상을 착용한 동양 여성으로, 우아한 보석과 유명 디자이너가 제작한 핸드백을 들고 있었다. 그녀는 약간 비스듬한 헤어스타일로, 시선 접촉을 잘 유지했고, 면접시간 내내 즐거워하면서 협조적이었다. 그녀의 말의 속도, 리듬, 크기는 정상이었다. 또한 자신의 기분을 "대체로 좋고", 정동 상태는 온전하고, 반응적이며, 경미하게 과민한 정도라고 말했다. 그녀의 사고과정은 직선형linear이었고, 망상, 강박사고, 환각의 증거는 보이지 않았다. 그녀는 자살생각과 살해생각은 없다고 했다. 그녀의 병식, 판단력, 충동조절력에는 아무 문제가 없었다. 다만, 이 영역에서의 월경전후기 손상 병력이 있었다.

진단

- 월경전불쾌감장애

논의

왕 양은 기분 기복, 과민성, 자살 의도가 없는 자해(칼로 긋기), 대인관계 불안정, 불안증, 슬픔, 사회적 위축, 집중력 및 기력감퇴, 무쾌감증을 호소하고 있다. 또한 식욕 증가, 서투름, 피로감, 팽창감과 같은 신체 증상에 대해 언급하고 있다. 이러한 증상들은 사회적 관계와 직장에서의 기능 손상을 초래할 만큼 심한 수준이었다.

이러한 과거력은 여러 정신질환에 부합될 수 있다. 그러나 왕 양은 이러한 증상들이 월경이 시작되기 전에만 국한되어 발생한다고 했다. 즉, 그녀는 한 달 중 다른 시기에는 낙관적이고, 활력 넘치며, 낙천적으로 지낸다. 월경이 시작되는 순간, 증상이 자취를 감추는 것은 DSM-5의 월경전불쾌감장애premenstrual dysphoric disorder(PMDD) 진단의 핵심적 특징이다.

왕 양은 월경 전 증상들이 7~10일간 지속된다고 했다. 이는 PMDD의 증상 지속기간 스펙트럼에 비해 다소 긴 편이다. 여성에 따라서는 증상이 배란일에 시작되어 2주간 지속되기도 하지만, 이보다는 다소 짧은 것이 일반적이다. 월경 전 증상을 나타내는 여성들 가운데, 가장 심하게 증상을 보이는 날은 모든 여성이 평균적으로 월경을 시작하기 4일 전과 시작 후 2일이다.

왕 양의 칼로 자해하는 행동은 PMDD의 전형적인 증상은 아니다. 손상된 충동 조절은 PMDD 외에 경계선적 특성이 있음을 암시하고 있다. 동반이환 장애가 있다고 해서 PMDD로 진단할 수 없는 것은 아니다. 의외로 많은 정신질환이 월경 전 기간에 악화되는데, 이 사례에서 환자는 월경이 시작된 이후에도 이전의 정상 상태로 회복되지 않고 있다. 왕 양은 자신이 'PMS' 또는 월경전증후군이 있다는 사실을 넌지시 말하고 있는데, 이는 의학적 상태일 뿐, DSM-5의 진단명은 아니다. PMS 기준은 PMDD에 비해 덜 엄격하다. 그리고 정동적 요인은 PMS 기준의 필수 요건에 속하지 않는다.

PMDD는 에스트로겐이나 프로게스테론의 순환 수준의 비정상성과는 관련이 없다. 대신 PMDD가 있는 여성들은 정상적인 황체 호르몬luteal hormone 변화에 보다 더 민감한 것 같다. 그러므로 혈액 호르몬 수준은 진단평가의 일부에 속하지 않는다. 호르몬 피임제가 이러한 증상들에 대해 도움이 될 것으로 기대되지만, (왕 양의 경우처럼) 경구 피임약을 복용하는 여성들은 흔히 계속해서 월경 전 기분 증상을 겪는다.

PMDD 진단에 있어서 중요한 요인은 정확한 종단적 과거력이다. 기억에 의존하여 보고되는 증상은 흔히 정신의학 전체에 걸쳐 부정확하고, 특히 월경 전 증상에 대해서 그렇다. 일일 문제심각도 기록지Daily Record of Severity of Problems와 같이 PMDD 평가를 위해 타당화 절차를 거친 척도들이 이미 개발되어 사용되고 있다. DSM-5에 의하면, 평가 초기에 왕 양은 PMDD 잠정적 진단이 주어질 것이다. 두 차례의 월경주기 동안 그녀가 겪는 증상 기록을 토대로 DSM-5의 PMDD로 진단될 수 있을 것이다.

읽을거리

Hartlage SA, Freels S, Gotman N, Yonkers K: Criteria for premenstrual dysphoric disorder: secondary analyses of relevant data sets. Arch Gen Psychiatry 69(3):300–305, 2012

Yonkers KA, O'Brien PM, Eriksson E: Premenstrual syndrome. Lancet 371 (9619):1200–1210, 2008

사례 8: 스트레스, 약물, 그리고 불행

Stress, Drugs, and Unhappiness

Edward V. Nunes, M.D.

프랭크 영Frank Young(40세, 남)은 회사 임원으로, 그의 아내에 의해 정신과 클리닉을 찾았다. 영 씨가 아내 옆에 말없이 앉아 있는 동안, 그녀는 지난 6개월 동안 그에게 변화가 생겼다는 말을 꺼냈다. 즉, 그가 평소와는 달리 말이 없어지고, 위축된 행동을 나타냈으며, 몹시 화를 낸다는 것이었다. 또한 그는 사회적 상황에서의 잦은 폭음으로 그녀를 난처하게 만들곤 했다. 게다가 늦게 귀가하거나 아예 집에 들어오지 않는 경우도 잦았다. 그럴 때면 영 씨는 사무실에 있었다고 둘러댔다고 했다. 집 밖에 있을 때면, 그는 전화나 문자메시지에 잘 답하지 않았다. 이 때문에 아내는 남편이 외도를 하고 있는 것으로 오해하기도 했다. 영 씨는 다른 여성을 만나고 있지 않고, 다만 요즘 어려운 시간을 보내고 있다고 넌지시 말했다.

아내가 정신과 클리닉을 떠나자, 영 씨는 지난 1년 동안 기업 전반에 걸쳐 발생한 업무 차질과 개인적인 재정손실에 대처하느라 직장에서의 스트레스가 매우 심했다고 했다. 그는 거의 온종일 감정이 저하되고 우울해했다. 거의 밤마다 잠들기 힘들어했고 아내와 자녀들에 대한 관심을 잃었으며, 기력감퇴, 실패감, 그리고 자기비판적인 느낌이 들었다고 했다. 또한 자주 죽고 싶은 생각이 들었으나, 자살 의도나 계획은 없다고 말했다.

알코올에 관한 질문에 그는 지난 6개월 동안 술을 과도하게 마셨다는 사실을 인정했다. 다른 물질에 관한 질문을 하자, 그는 치료상의 비밀보장에 관하여 묻더니 지난 9개월에 걸쳐 일주일에 수차례 코카인을 사용한 사실을 털어놓았다. 그는 이 사실을 아내에게는 일체 말하지 않았다. 그녀가 비판적인 태도를 보일 것이 뻔했기 때문이었다. 처음에 코카인을 흡입했을 때, 그는 확실히 긍정적 · 낙관적 기분이 들었고, 많은 일을 성취할 수 있었다. 코카인이 없었다면, 이러한 일들은 꽤 지루하고 만족스럽지 않았을 것이라고 여겼다. 영 씨는 업무상 저녁시간에 사교 모임에 참석하는 일 외에 주기적으로 술집에 들러 코카인을 술에 섞어 마시기 시작했다. 그는 점점 더 코카인을 통해 기분을 고양시키고자 했다. 처음에 맛보았던 기분을 느끼고자 하면서, 영 씨는 이전에 가족과 함께하던 많은 시간을 코카인을 구하기 위해 보내야 했다.

업무 스트레스, 코카인 사용, 우울증 증상 발생 순서에 대한 질문에, 영 씨는 1년간 업무에 대해 염려와 좌절을 겪었다고 했다. 또한 우울 기분, 흥미상실, 과민성, 불면증, 낮은 자존감이 6개월 전, 즉 코카인을 주기적으로 사용한 지 3개월 후부터 시작되었다고 했다. 그는 최근 며칠은 코카인 사용과 관계없이 거의 매일 우울 증상을 겪었다. 영 씨는 과거에 우울증을 앓은 적이 없고, 다른 기분장애나 불안장애 삽화를 경험해 보지 않았으며, 자살을 시도해 본 적이 없다고 했다. 그는 사교를 목적으로 술을 마셨다. 그는 10대 때 대마초와 코카인을 시험 삼아 피워 본 적은 있으나, 지난해까지 주기적으로 사용하거나 손상 패턴을 나타낸 적은 없었다.

진단

- 코카인사용장애, 중등도 심각도
- 물질로 유발된 주요우울장애

논의

영 씨는 현저한 정도의 우울증을 앓고 있다. 그는 적어도 중등도의 코카인사용장애 기준에 부합되고, 알코올사용장애 가능성도 보인다. 또한 현저한 정도의 업무 스트레스를 겪고 있고, 결혼생활에도 갈등이 있는 것 같다. 그의 기분, 물질 사용, 스트레스가 복잡하게 얽혀 있다는 점에서 효과적인 치료 전략 개발이 중요할 것으로 보인다.

물질사용장애 평가에 있어서 첫 번째 어려움은 말하기 곤란하고 불법적인 행동에 관한 과거력을 정확하게 파악하는 것이다. 영 씨는 코카인을 사용한 사실에 대해 기꺼이 털어놓고 있는 것처럼 보이지만, 이는 알코올과 물질 사용에 대해 구체적으로 질문한 경우에 한했다. 만일 불법 물질 사용에 대해 환자들이 자발적으로 말해 주기를 기다린다면, 중요한 정보 수집의 기회를 놓칠 수 있다. 물질 사용이 확산되어 있고 다른 정신질환을 동반하는 경우, 이러한 상황은 문제가 될 수 있다. 공감적이고 비판적이지 않은 면담 방식이 환자의 마음을 여는 데 도움이 된다. 달리 말해서, 무미건조한 태도로 환자가 남용하고 있는 알코올과 흔한 약물에 대해 질문을 던지는 것은 환자에게 그의 답변이 그리 놀랄 만한 것이 아니고 치료에 도움이 될 수 있는 정보로 활용될 것임을 암시하게 된다. 영 씨의 사례에서처럼, 가족은 흔히 물질남용 환자를 진료받게 하는 역할을 한다. 또한 증상을 명료화하고, 치료계획 실행을 위한 중요한 협력자가 되기도 한다. 영 씨는 임상가에게 속내를 털어놓을 시간을 필요로 했지만, 아내의 관찰 내용은 그의 증상 이해에 유용하게 활용되었다.

과거력에 대한 면밀한 탐색은 유사 증상과 연관된 진단 감별에 도움이 된다. 예를 들어, 주요우울증과 물질로 유발된 우울증이 그렇듯이, 코카인 금단은 전형적으로 우울 증상의 원인으로 작용한다. 한 가지 중요한 감별 요인은 증상과 물질 사용 간의 일시적인 관계다. 만일 우울증이 물질남용 이전에 시작되었거나 물질 사용 중단 후 상당한 기간이 지난 후에도 지속된다면, 일차적으로 주요우울증으로 진단될 것이다. 시간이 얼마나 걸릴 것인가는 임상가의 판단에 달려 있지만, 대략

1개월이 권장된다. 만일 관련 물질이 우울증후군의 원인이 아닌 것으로 판단되거나, 환자가 과거에 물질로 유발되지 않은 주요우울증(재발성)을 앓은 적이 있는 경우 역시 주요우울증으로 진단될 것이다. 영 씨는 코카인을 남용하기 전까지는 주요우울증을 앓은 적이 없었고, 그 이후로 상당한 기간 코카인을 사용하지 않은 적이 없었으므로, 일차적으로 주요우울증으로 진단될 수 없다.

영 씨의 증상들이 중독 및/또는 금단의 직접적인 결과라는 가능성을 고려해 보는 것 또한 중요하다. 코카인과 알코올 중독 및 금단은 우울 기분과 수면장해의 원인이 될 수 있다. 그러나 이러한 증상들은 마지막으로 사용한 지 하루나 이틀 이내로 회복된다. 영 씨의 우울증과 불면증은 마지막으로 사용한 시점과 관계없이 지속되고 있다. 게다가 자살생각과 같은 다른 우울증 증상들은 전형적으로 중독이나 금단의 일부에 속하지 않는다.

따라서 영 씨는 물질로 유발된 우울증으로 진단된다. 이는 지속적인 물질 사용에 의해 유발된 것으로 보이고, 삶을 앗아 가는 우울증과 연결되어 있다. 만일 영 씨의 우울증이 물질 사용을 중단한 지 1개월 후에도 지속된다면, 임상가가 우울증 촉발 요인으로 코카인을 지목할 가능성이 있어도 그에 대한 진단은 주요우울증이 될 것이다. 또한 물질로 유발된 우울증임을 확인할 필요가 있다. 독립적인 주요우울증과 비교할 때, 물질로 유발된 우울증은 자살 위험성이 높다. 더욱이 우울증 진단을 추가한다면, 물질사용장애가 있는 사람이 물질 사용을 중단할 가능성이 감소될 것이다. 물질로 유발된 우울증은 환자의 진단 목록에 잘 보관해야 하고, 관심 있게 지켜봐야 한다.

읽을거리

Compton WM, Thomas YF, Stinson FS, Grant BF: Prevalence, correlates, disorder, and comorbidity of DSM–IV drug abuse and dependence in the United States: results from the National Epidemiologic Survey on Alcohol and Related Conditions. Arch Gen Psychiatry 64(5):566–576, 2007 P

Hasin D, Liu X, Nunes E, et al: Effects of major depression on remission and relapse of substance dependence. Arch Gen Psychiatry 59(4):375–380, 2002

Hasin DS, Stinson FS, Ogburn E, Grant BF: Prevalence, correlates, disorder, and comorbidity of DSM–IV alcohol abuse and dependence in the United States: results from the National Epidemiologic Survey on Alcohol and Related Conditions. Arch Gen Psychiatry 64(7):830–842, 2007

Nunes EV, Liu X, Samet S, et al: Independent versus substance–induced major depressive disorder in substance–dependent patients: observational study of course during follow–up. J Clin Psychiatry 67(10):1561–1567, 2006

Ramsey SE, Kahler CW, Read JP, et al: Discriminating between substance–induced and independent depressive episodes in alcohol dependent patient. J Stud Alcohol 65(5): 672–676, 2004

사례 9: 파킨슨병 대처
Coping With Parkinson's Disease

Thomas W. Meeks, M.D.

조지 앤더슨George Anderson(79세, 남)은 우울증 평가를 받기 위해 정신과 전문의에게 의뢰되었다. 파킨슨병Parkinson's disease(PD)으로 진단받은 이래 지난 6년 동안 앤더슨 씨는 잘 지내 왔고, 평소에 해 왔던 많은 활동을 계속 해 왔다.

그러나 의뢰가 있기 3개월 전부터 앤더슨 씨는 가족과 친구들과의 사교 모임 초대에 응하지 않았다. 스스로 사회적으로 고립을 자처했던 것이다. 그 이유는 그동안 즐거워했던 것들에 대해 흥미를 잃었기 때문이었다. 그럼에도 그는 슬픔이나 걱정거리는 없다고 했다. 그렇지만 자신이 '평소의 자기'가 아니라는 점을 인정했고, 스스로 "격려의 말"을 되뇌어 보기도 하지만 소용이 없었다고 했다. 앤더슨 씨는 고등학교 과학 교사로 근무하다가 67세에 은퇴했다. 그는 학생들에게서 "반잔의 물을 보는 힘"을 배웠다고 했다. 그는 삶에서 처음으로 "회복 불능"이라는 사실에 좌절감이 들었으나, 전문가의 도움을 받는 것에 대해서는 희망적이라고 했다. 그는 죽는 것은 두렵지 않지만, 가능한 한 삶을 즐기고 싶다면서 자살할 생각은 없다고 했다. 그는 "하나님께서는 내가 다룰 수 있는 것보다 더 많은 것을 주시지는 않으십니다. 저는 더 좋은 가족을 바랄 수 없어요. 저는 완전한 삶을 누려 왔거든요."라는 말을 덧붙였다.

지난 수개월 동안 앤더슨 씨가 겪은 새로운 증상으로는 피로감 증가, 집중력·기억 감퇴, 의도하지 않은 체중 감소(2개월간 체질량지수의 7%), 초기 불면증을 동반한 선잠restless sleep이 포함되었다. 54년간 동고동락한 앤더슨 씨의 아내에 의하면, 거의 2년간 앤더슨 씨는 밤시간의 절반은 침대에서 몸을 뒤척였고, 때로 잠든 상태에서 그녀를 때리기도 했다. 이러한 일로 잠을 깰 때면, 그는 거의 매번 수영을 하던 중이었다거나 무언가에 쫓기는 꿈을 꾸던 중이었다고 토로했다. 그가 파킨슨병(PD) 진단을 받자마자, 아내는 운전대를 넘겨받았다. 그는 운전 외에는 청구서 납부와 처방약물 복용과 같은 일상생활에서의 활동은 독자적으로 수행할 수 있었다. 그의 아내는 지난 수년 동안 남편의 "건망증이 다소 심해졌다"고 했다. 그렇지만 두 사람은 그의 건망증에 대해 걱정하지는 않는다고 했다.

과거 진료 기록에는 전립선암prostate cancer(관해 상태), 녹내장glaucoma, 통풍gout이 포함되어 있었다. 가족의 정신과 병력으로는 손녀가 유일하게 자폐증 양성이었다. 앤더슨 씨는 과거에 문제가 있는 물질 사용을 한 적이 없었고, 다만 1년에 2~3회 와인 한 잔을 마신다고 했다. 그는 이전에 우울 삽화, 정신과 치료 또는 정신과 평가를 받은 적이 없다고 했다.

정신상태 검사 당시 앤더슨 씨는 기분이 좋아 보였고, 협조적이었으며, 적극적으로 상호작용했다. 그는 경도에서 중등도 정도의 떨림, 발을 끌면서 걷기, 발성장애hypophonia, 운동완만bradykinesia 증상이 있었다. 그는 때로 미소를 지었으나, 정동상태는 가면을 쓴 것 같은 얼굴 표정으로 인해 가늠하기 어려웠다. 그는 기분이 어떠냐는 질문에, "그냥blah"이라고 답했고, 정신병에 대한 증거는 없었다. 인지검사에서 그는 기호잇기 검사 B형Trail Making Test B, 형태 복사 검사, 단어목록 암기검사 부분을 어려워했다. 특히 단어목록 암기검사에서는 범주 촉발 요인의 도움을 받았다. 그는 몬트리올 인지평가Montreal Cognitive Assessment(MoCA)에서 30점 만점에 25점을 받았다.

진단

- 다른 의학적 상태(파킨슨병)로 인한 우울장애, 주요우울증 유사 삽화 동반
- REM수면 행동장애

논의

앤더슨 씨는 슬픈 기분이 없다고 했지만, 다른 우울증 증상 5가지(① 식욕감퇴/체중 감소, ② 불면증, ③ 피로, ④ 집중곤란, ⑤ 정신운동 지연)와 함께 무쾌감증의 증거가 있고, 이 모두 2주 이상 지속되었다. 이 증상들은 그에게 고통의 원인이 되고 있고, 그의 사회적 기능에도 현저하게 영향을 미치고 있다. 이 모든 상황은 그에게 주요우울장애(MDD)가 있음을 암시하고 있다. 그러나 앤더슨 씨는 우울장애의 개인력 또는 가족력이 없고, 발병시기가 비전형적으로 늦으며, PD 진행과정에서 증상이 나타났고, 이렇다 할 심한 생활 스트레스 요인을 찾을 수 없다는 특징이 있다. 임상적으로 현저한 우울증은 대략적으로 3가지 PD 사례 가운데 한 가지에서 발생한다. 따라서 그의 우울증 증상들은 PD에 의한 중추신경계에서의 생리적 변화와 연관된 것일 수 있다.

우울증 증상들이 일시적으로 다른 의학적 상태의 발병 또는 진행과 연관이 있고, 섬망에 의해 설명되지 않는다면, DSM-5의 "다른 의학적 상태로 인한 우울장

애" 진단이 고려되어야 한다. 이 진단명은 다른 의학적 상태(예, 파킨슨병에서의 신경퇴행neurodegeneration)의 생리적 영향으로 인해 우울증 증상이 발생한 상황을 위해 만들어졌다. 달리 말해서, 이 진단은 질병에 대한 심리적 반응에서 파생된 증상을 나타내는 사람들을 기술하기 위해 만들어진 것은 아니다. 이 경우는 적응장애, 우울 기분 동반으로 분류될 것이다. 이러한 우울증 증상들(생리적 vs. 심리적)의 2가지 가능한 병인은 다소 인위적으로 양분되고 공존할 수 있다. 그러나 많은 사례에 있어서는 한 가지 병인이 다른 병인보다 증거가 더 많다. 파킨슨병을 앓고 있는 상황에서 앤더슨 씨의 이전의 회복탄력성과 지속적인 긍정적 대처양식을 고려할 때, 적응장애로 진단하는 것은 적절치 않은 것 같다.

만일 증상의 지속 기간과 개수에 대한 기준이 MDD에 부합된다면, "주요우울증 유사 삽화 동반"이라는 명시자가 진단에 추가되어야 한다. 비정신과적인 의학적 질병의 증상들이 우울증 증상과 중첩될 수 있기 때문에 진단상 모호한 상황이 발생할 수 있다. 예를 들어, PD가 있는 사람들은 흔히 우울 기분이나 무쾌감증과는 별도로 피로, 정신운동 지연, 수면장해, 인지 손상, 체중 감소 등의 증상들을 겪는다. 그러나 앤더슨 씨의 사례에서는 이러한 증상들이 새롭게 발병된 무쾌감증과 함께 발병 또는 악화되었다. 이는 다른 의학적 상태로 인한 주요우울증 유사 삽화임을 암시하고 있다.

PD에서 흔히 나타나는 것처럼, 앤더슨 씨는 REM수면 행동장애와 일치하는 수면장해를 겪고 있다. REM수면 행동장애는 "수면 중 자기 또는 침대를 함께 쓰는 사람에게 해를 입힐 수 있는 발성 및/또는 복합적인 운동성 행동들이 연합된 반복적인 각성 삽화들"이 특징이다. 잠이 깨면, 이 장애가 있는 사람들은 전형적으로 감각중추에는 이상이 없으나 꿈을 "실행한" 느낌이 들게 된다. 수면다원검사로는 REM수면 중 무긴장증atonia이 없는 것으로 나타날 수 있다.

그러나 이 검사는 PD와 같이 시누클레인병synucleinopathy의 맥락에서 진단하는데 필수로 요구되지 않는다. 증상은 전형적으로 잠이 들게 되는 90분 또는 그 이상의 시간에 나타나고, REM수면이 더 빈번히 일어나는 밤의 후반부에 더 자주 발생한다. 앤더슨 씨의 과거력은 REM수면 행동장애와 일치하지만, 그의 새로운 초기 불면증은 이 진단으로 설명되지 않고 우울증과 더 일치한다.

인지적 변화, 특히 시공간적 · 관리적 · 기억회상 기능의 손상은 PD에서 흔히 발생한다. 앤더슨 씨의 MCA 결과는 이러한 전형적인 인지적 변화를 가리킨다. 그러나 새롭게 발병된 주관적인 집중곤란은 우울증의 이차 증상에 더 가깝다. 그의 인지적 문제는 경미하고 눈에 띌 정도로 손상되지는 않았다. 따라서 그는 독립적인 신경인지장애 기준에 부합되지 않는다. 그렇지만 PD가 있는 사람들의 25~30%에게 치매가 발생한다는 점을 고려한다면, 장애 발생 가능성을 염두에 두고 지속적으로 관찰하는 것이 현명할 것이다.

2가지 DSM-5 장애의 기준에 부합되는 것 외에, 앤더슨 씨는 회복탄력성, 지혜, 그리고 기타 심리적으로 건강하다는 신호를 보여 주고 있다. 그는 긍정적인 대처 기술(예, 인지적 재구조화, 사회적 지지 활용), 장기적으로 건강한 관계, 영성, 감사, 낙천성, 그리고 발달적으로 적절한 자아통합성[ego integrity]을 보여 주고 있다. 또한 건강하고, 누구나 죽음은 피할 수 없다는 사실에 대해 비병적인[nonmorbid] 시각도 보여 주고 있다. 안타깝게도 우울증에 대한 위험 요인이 별로 없고 평생 심리적 기능이 건강한 사람들조차 특정 의학적 상태의 신경정신과 질환에 대해서는 면역성이 없다.

읽을거리

Aarsland D, Zaccai J, Brayne C: A systematic review of prevalence studies of dementia in Parkinson's disease. Mov Disord 20(10):1255–1263, 2005

Boeve BF: Idiopathic REM sleep behavior disorder in the development of Parkinson's disease. Lancet Neurol 12(5):469–482, 2013

Gallagher DA, Schrag A: Psychosis, apathy, depression and anxiety in Parkinson's disease. Neurobiol Dis 46(3):581–589, 2012

Jeste DV, Ardelt M, Blazer D, et al: Expert consensus on characteristics of wis-

dom: a Delphi method study. Gerontologist 50(5):668–680, 2010
Jeste DV, Savla GN, Thompson WK, et al: Association between older age and more successful aging: critical role of resilience and depression Am J Psychiatry 170(2):188–196, 2013

사례 10: 상황성 기분 기복
Situational Mood Swings

Joseph F. Goldberg, M.D.

헬레나 베이츠Helena Bates(27세, 여, 독신)는 행정사무 보조원으로, 우울증 진단과 치료를 받기 위해 병원을 찾았다. 그녀는 충동적인 약물 과다복용으로 2년간 사귀어 온 남자 친구와 헤어졌다. 이로써 생애 처음 입원하게 되었고, 집중적인 외래환자 프로그램에 참여했다. 그녀는 남자 친구와 헤어지게 될 조짐이 보이자, 1~2개월 동안 슬픔과 무망감에 시달렸다. 입원하기 약 한 달 전쯤, 그녀는 새로운 심리치료자에게 치료를 받기 시작했다. 심리치료자는 그녀에게 "경계선 특성"과 "상황성 기분 기복" 증상이 있다고 말해 주었다.

최근 4~8주 동안, 베이츠 양의 기분은 낮시간을 포함해서 거의 매일 온종일 경도의 우울증이 지속되었다. 그러나 기분 반응성에는 이상이 없었다. 그녀는 최근 "과도한 군것질"을 통해 체중이 10파운드(4.5kg) 정도 늘었다. 그녀는 자신에게 두드러지게 과민하거나 논쟁적인 특성은 없다고 했다. 그녀는 자신의 자존감을 "없음none"으로 묘사하였고 동기를 느끼거나 일상 업무에 집중하기 어렵다고 했다. 이와는 달리, 때로 "봇물 터지듯이" 관계가 소원해진 남자 친구를 끊임없이 생각하면서 "상실감으로 비통해했고" 그의 마음을 되돌릴 수 있는 방법을 골똘히 생각하곤 했다. 그녀는 남자 친구의 관심을 되찾기 위한 전략들로 넘쳐나는 시간(예, 신문 전면을 사서 그에게 보내는 편지로 활용하는 방법)에 대해 이야기했다. 최근에는 새벽 5~6시까지 일기를 쓰거나, "지지를 받기 위해" 한밤중에 친구들에게 전화를 걸어댔다. 그러고 나서는 2~3시간 정도만 잠시 눈을 붙이고도 피로감 없이 "온종일 터벅터벅 걸어다니곤 했다." 이러한 증상들은 입원하기 전부터 시작되었다. 그녀는 약물이나 알코올 오용과 자해행동은 하지 않는다고 했다. 이번에 남자 친구와 헤어지기 전까지는 자살사고 또는 제스처뿐 아니라 특별히 집중적 또는 혼잡한 관계를 맺은 적이 없다고 했다. 대신, 베이츠 양은 우울증 맥락에서 발생한 약물 과다복용 때문에 충격을 받은 것 같았다.

베이츠 양은 고등학교 시절에 "기분기복"과 성적불량 문제로 상담자를 만난 적이 있다. 대학에 들어가면서는 우울증에 빠졌다. 당시 그녀는 에스시탈로프람escitalopram 복용과 심리치료로 증상이 곧 회복되어 몇 주 후 치료를 중단했다. 자살 시도로 입원해 있는 동안, 그녀는 취침시간에 '수면을 위해' 빌라조돈vilazodone[***역자 주.** 항우울제로 사용이 가능한 피페라진piperazine 약물]과 쿠에티아핀quetiapine[***역자 주.** 정신병 치료제로 사용되는 신경이완제]을 복용했다.

베이츠 양은 교외에 거주하는 중산층 가정의 세 자녀 중 막내로 자라났다. 그녀는 공립학교와 주립대학교를 다녔고, "평균 B학점을 받는 학생"이었으며, 장차 법학전문대학원 진학을 희망했다. 그녀는 자신을 "조용하고, 걱정은 많지만, 문제아는 아닌" 아이로 묘사했다. 그녀의 오빠는 여러 물질을 남용해 왔지만, 자신은 불법 물질을 사용해 본 적이 없다고 했다. 또한 여동생은 공황발작과 우울증 치료를 받았고, 고모와 사촌들이 우울증에 시달렸던 것으로 알고 있다고 했다.

검사 당시 베이츠 양은 쾌활하고, 상호작용을 잘했고, 캐주얼하면서도 적절하게 의상을 잘 갖추어 입고 있었다. 그녀는 약간 과체중으로, 그녀가 말한 연령으로 보였고, 시선 접촉을 잘 유지했다. 그녀의 말은 다소 빨랐고 장황했으나, 말을 끊을 수 있었고 압출언어pressured speech는 없었다. 그녀는 비정상적인 운동성 동작은 없었으나, 극적이면서도 극도로 활기차게 제스처를 사용했다. 그녀의 기분은 우울했고, 정동은 긴장되고 불쾌한 상태였으나 제한적이지 않았고, 반응성 역시 정상이었다. 베이츠 양의 사고과정은 다소 상황적이었으나, 대체로 조리 있고 선형이며 논리적이었다. 사고 내용은 수동적 사고로, 차라리 죽는 것이 낫겠다고 했지만 실행 의도나 계획은 없었다. 또한 망상, 환각 또는 살해사고는 없었다. 그녀의 보다 높은 수준의 통합기능은 병식과 판단력과 마찬가지로 전반적으로 이상이 없었다.

진단

• 주요우울장애, 혼재성 양상 동반

논의

베이츠 양은 DSM-5의 주요우울 삽화의 기준에 부합되고, 적어도 연관된 양상 5가지(① 자살사고, ② 집중곤란, ③ 낮은 자존감, ④ 과식증, ⑤ 정신운동 초조)를 동반한 광범위한 우울 기분을 나타내고 있다. 또한 조증이나 경조증과 일치하는 몇 가지 증상, 즉 야간에 과잉행동을 동반한 수면 욕구 감퇴와 다음 날의 피로감 결여, 확실한 정도의 질주사고, 빠르고 말이 많은 언어(면담에서 확인됨)에 대해 언급하고 있다. 면담 당시, 검사자는 베이츠 양의 전반적인 병식과 판단력에 이상이 없다고 했지만, 최근의 사고(예, 공개된 편지를 신문에 게재하기)와 행위(예, 한밤중에 친구에게 전화 걸기)는 고통스러운 결과가 따를 수 있는 행동을 포함하여 판단력이 손상되었음을 암시하고 있다.

베이츠 양은 조증 증상 몇 가지를 가지고 있지만, DSM-5의 조증이나 경조증 진단의 필수요건에는 부합되지 않는다. 그녀는 우울증후군과 함께 경조증의 부분적인 증후군을 앓고 있다. 이러한 결합을 통해 그녀에게 "혼재성 양상 동반 주요우울장애"라는 DSM-5의 새로운 진단을 내릴 수 있다. 과거에 "혼재성 양상"은 제I형 양극성장애에만 적용된 반면, 현재는 주요우울증과 제I형 양극성장애와 제II형 양극성장애 둘 다에 적용될 수 있다.

DSM-5에 수록된 혼재성 양상을 동반한 단극성 우울증은 많은 단극성 우울증 환자가 역치 아래의 경조증 징후들을 나타내는 현상에 대한 관찰결과를 반영하고 있다. DSM-5에서는 4가지 잠재적 조증/경조증 증상을 세는 것을 "인정하지 않고 있다". 그 이유는 이러한 증상들은 주요우울증—즉, 불면증(감소된 수면 욕구와는 반대로), 주의산만, 우유부단, 과민성—을 반영하고 있기 때문이다. DSM-5에서는 "비정상적이고 지속적으로 증가된 활동 또는 기력"을 제II형 양극성 조증의 필수기준으로 제시하고 있다. 그러나 이러한 양상은 혼재성 양상을 동반한 단극성 우울증 정의에는 필요치 않다. 현재 사례에서 만일 베이츠 양이 질주사고, 급속언어, 수면 욕구 감소 외에 과민성 기분을 나타낸다면, 그녀는 DSM-5의 제II형 양극성 경조증 기준에 부합될 것이다. 그리고 그녀에게 수반된 우울증 증상에 따라 혼재성 양상 명시자가 적용될 것이다.

DSM-5의 혼재성 양상 명시자를 적용하려면, 반대편 끝의 증상들(이 사례에서는 조증/경조증)이 "삽화기간에 거의 매일" 나타나야 한다. 후자의 기준은 베이츠 양의 조증/경조증 증상들이 4일 미만 동안(제II형 양극성 경조증 진단기준의 최소 지속기간) 나타난다면, 역치 아래의 경조증 증상들은 "혼재성" 또는 "조증/경조증" 진단에 포함되지 않을 것이다. 이는 그녀에게는 단순히 단극성 주요우울증으로 내려질 것임을 의미한다. 일부 저자는 역치 아래의 경조증 증상에 2가지 조증/경조증 증상만 포함되거나 이들 증상이 삽화의 온전한 지속기간에 지속되지 않는 경우, 역치 아래의 경조증 증상들을 무시하는 DSM-5의 엄격한 기준에 대해 비판해왔다. 왜냐하면 이러한 증상들(문헌에서는 '우울증의 혼재 상태'로 불림)은 2가지 조증/경조증 증상이 기껏해야 2~4일 동안 단극성 우울증 증후군과 공존할 때 관찰되었기 때문이다. 게다가, 이 증상들은 가족력, 발병연령, 자살 위험에 있어서 단극성 장애보다는 오히려 양극성장애와 보다 더 유사한 구조를 나타내고 있기 때문이었다.

베이츠 양의 정신운동 활성화와 역치 아래의 경조증은 최근 선택적 세로토닌 재흡수 억제제selective serotonin reuptake inhibitor(SSRI) 빌라조돈을 복용한 결과로 나타났을 수 있다는 주장이 제기될 수 있다. 그러나 이 사례에서의 과거력에 의하면, 그녀의 경조증 증상들은 그녀가 입원하기 전, 그리고 SSRI를 복용하기 전에 이미 발병했다는 사실을 알 수 있다. 검사자에게는 이러한 연대표의 정확성 여부를 파악하는 것이 중요할 것이다(이로써 그녀의 혼재성 증상들이 의사 때문에 발생한 것이 아니라는 사실을 확인할 수 있을 것이다). 그 이유는 혼재성 양상 명시자를 기입하려면, "물질의 생리적 영향에 기인하지 않는" 증상들이어야 하기 때문이다. 이 진술은 DSM-5의 조증/혼재성/경조증 삽화 기준과는 다르다는 사실에 주목할 필요가 있다. 그 이유는 최근에 와서는 항우울제 복용과 연관된 조증/경조증 증상은 양극성 장애(DSM-III-R에서의 입장과 유사함)로 분류되는 반면, 물질로 유발된 기분장애(DSM-IV-TR에서처럼)로 분류되지 않기 때문이다.

역치 아래의 경조증이 있는 주요우울증 환자들은 궁극적으로는 조증이나 경조증을 앓게 될 가능성이 약 25%가 된다. 그렇다고 해서 역치 아래의 혼재성 양상이 있는 주요우울증 환자라면 누구나 조증 또는 경조증 증후군을 겪게 되는 것은 아니지만, 이 환자들에게는 특히 면밀한 평가, 치료, 종단적 모니터링이 요구된다.

충동성과 과잉행동과 같은 베이츠 양의 증상들은 경계성 성격장애로 잘못 인식되었던 급성 증상 발생의 원인을 제공했을 수 있다. 그녀의 종단적 과거력에는 경계성 성격장애의 증상 패턴이 충분히 나타나 있지 않고, 그녀의 자살시도와 정동불안은 현재의 정동증후군으로 설명될 수 있다.

읽을거리

Angst J, Cui L, Swendsen J, et al: Major depressive disorder with subthreshold bipolar in the National Comorbidity Survey Replication. Am j Psychiatry 167(10):1194-1201, 2010

Fiedorowicz JG, Endicott J, Leon AC, et al: Subthreshold hypomanic symptoms in progression from unipolar major depression to bipolar disorder. Arch Gen Psychiatry 168(1):40-48, 2011

Goldberg JF, Perlis RH, Ghaemi SN, et al: Adjunctive antidepressant use and symptomatic recovery among bipolar depressed patients with concomitant manic symptoms: findings from the STEP-BD. Am J Psychiatry 164(9):1348-1355, 2007

Sato T, Bottlender R, Schröter A, Mller HJ: Frequency of manic symptoms during a depressive episode and unipolar 'depressive mixed state' as bipolar spectrum. Acta Psychiatr Scand 107(4):268-274, 2003

사례 11: 몸부림
Floundering

Peter D. Kramer, M.D.

이언 캠벨Ian Campbell(32세, 남)은 직장에서 허우적대고 있다는 이유로 정신과 진료를 받기 위해 병원을 찾았다. 단순한 프로젝트조차 진척시키지 못하는 캠벨 씨에 대해 그의 직장 상사는 깊은 유감을 표했다. 이에 대해 캠벨 씨는 가정문제로 업무에 집중할 수 없었다고 둘러댔다. 무언가 잘못된 것 같은 느낌이 든 그의 직장 상사는 한 가지 제안을 했다. 캠벨 씨는 자신의 내과 전문의에게 전화를 걸었다. 그는 캠벨 씨를 신경과 전문의에 보낸 의사였다. 신경과 전문의는 다시 캠벨 씨에 대한 정신의학적 평가를 의뢰했다.

캠벨 씨는 이러한 문제, 즉 집중곤란을 이전에도 겪은 적이 있었다. 대학 재학 시절, 아버지가 만성 질환으로 세상을 떠난 후, 캠벨 씨는 더 이상 공부에 집중할 수 없어서 학교를 그만둔 적이 있다. 전에 근무했던 직장에서도 두 차례나 수개월 동안 의사결정에 어려움을 겪는 삽화들을 경험했다. 이 기간에 겪은 삽화들 중 한 가지는 애정관계에서 발생한 좌절로 인한 것이었다. 캠벨 씨의 어머니와 누이는 주요우울증으로 진단되어 약물치료로 완치된 적이 있다. 외삼촌은 자살했다.

현재의 손상 발생은 캠벨 씨의 6년간의 결혼생활이 파경을 맞는 원인이 되었다. 2개월 전, 그의 아내는 직장 때문에 멀리 떨어진 도시에서 살겠다고 하면서 이혼을 요구했다. 캠벨 씨는 결혼을 통해 안정감을 기대했지만, 아내는 결혼생활 내내 적대적인 태도로 일관했다고 했다. 그는 직장 동료의 좋은 생각들을 고려해 보기도 했지만, 결국 "흥미를 잃었고" 미래에 대해 상상조차 할 수 없게 되었다.

심층 면담을 통해, 캠벨 씨의 문제는 인지 손상보다 훨씬 심한 상태임이 드러났다. 그는 무감각과 기력감퇴를 호소했다. 캠벨 씨는 재즈에 대한 열정이 있었지만, 더 이상 공연을 보러 가지 않았다. 이 역시 손상된 집중력이 영향을 미치는 것 같았다. 정신과 전문의는 경청을 통해 그에게서 확실한 정도의 언어발달 지체가 있음을 확인했다. 캠벨 씨는 자신이 마치 느린 동작(슬로 모션)으로 움직인다고 고용주가 말한 적이 있다고 했다. 이러한 문제는 아침에는 악화되었다가 저녁이 되면 기력이 넘쳐나곤 했다. 그때마다 그는 음악을 틀어 놓고 근무시간에 처리하지 못했던 보고서를 검토했다.

캠벨 씨는 자신에게 슬픈 특성이 있다는 사실을 부인하면서 결혼생활이 종지부를 찍게 된 사실을 기뻐했다. 그러나 정신과 전문의는 캠벨 씨와 함께 있으면서 들게 된 자신의 감정에 당혹스러워했다. 그녀는 침울해졌고, 비관적인 상태가 되었으며, 금방이라도 눈물이 날 것 같았기 때문이었다. 그녀는 캠벨 씨에게 우울 기분, 변화된 수면과 식욕, 죄책감 또는 무가치감, 죽음에 대한 생각에 대해 상세히 물었다. 그는 이러한 증상들 중 어떤 것도 자신과는 관계가 없다고 했다. 뿐만 아니라, 우울증과 혼동될 수 있는 장애의 지표가 될 만한 요인도 없다고 했다. 그는 기분저하증 증상은 없었고, 손상된 삽화들 사이의 감정과 기능 수준 역시 정상이었다.

정신과 전문의는 현재의 문제는 우울증에 충분히 근접해 있기 때문에 치료가 필요하다고 결정했다. 이 결정은 부분적인 증후군 발현, 주간 변동, 주기적 재발, 미래 지남력 결여, 의사 자신의 공감적 경험을 기반으로 내려졌다. 그녀는 캠벨 씨의

"상실 경험에 의한 보상작용 상실decompensation"에 중점을 둔 심리치료가 요구된다고 제안했다. 그는 자신이 그 관점에서 자신의 임박한 이혼을 보고 있지 않다고 주장했다. 두 사람은 단기 심리치료와 항우울제 치료를 병행하기로 의견을 모았다. 수 주 내에 캠벨 씨의 기능 수준은 완전히 회복되었다. 치료가 진행되는 동안, 정신과 전문의는 처음에 기록되었던 내용 이외의 우울증 증상들에 대한 증거를 일일이 설명하지 못했다. 그 대신, 정신과 전문의는 환자의 손상된 집중력이 주요우울증과 흡사한 징후와 증상이라고 확신했다.

진단

- 달리 명시된 우울장애(불충분한 증상 동반 우울 삽화)

논의

DSM-III에 공식적으로 모습을 드러낸 주요우울증에 대한 조작적 정의는 현대 의학의 위대한 발명품들 중의 하나다. 이 접근은 세포생물학으로부터 사회정신의학 분야에 이르기까지 생산적인 연구를 촉진시켜 왔기 때문이다. 기분장애에 관해 알려진 것의 대부분은, 뇌에서 나타나는 비정상성에서부터 삶에서 일으키는 피해까지, 이제 시작 단계에 불과한 신경증과 정신병에 속하는 우울증에 대한 기술에서 기인된 것들이다.

용어의 정의는 인위적이라고들 한다. 역사가들은 DSM 기준을 1957년 보스턴 정신과 전문의였던 월터 캐시디Walter Cassidy를 중심으로 『Journal of the American Medical Association』에 게재한 논문까지 추적 조사했다. 그는 오늘날 주요우울증과 유사한 상태에 관한 연구를 체계화하려고 했다. 캐시디는 진단을 내리려면 환자들이 저속사고, 식욕부진, 집중력 상실, 그리고 현재까지 남아 있는 기타 증상들이 포함된 목록에 수록된 10가지 증상 가운데 6가지가 필수로 있어야 한다는 조건을 내세웠다. 그 후 어떻게 6가지를 선택했는지에 대한 질문에, 캐시디는 "그 정도는 되어야 할 것 같았습니다."라고 답했다.

우울증에 대한 조작적 접근은, DSM에서부터 해밀턴 우울증 척도Hamilton Rating Scale for Depression에 이르기까지, 태생적으로 잘못 정의된 현상, 즉 임상가들의 실질적 진단에 있어서 신뢰도를 창출해 내려는 시도다. 정신과 전문의들은 널리 사용되는 방법들을 활용하여 우울증 환자들을 확인했다. 이들은 때로 환자에 대한 공감에 입각한 반향에 주의를 집중하는 방법에 의존하기도 했다. 증상 및 심각도에 근거한 정의들은 인상 중심의 형태에서 재생 가능한 형태로 옮겨졌다.

그러나 우울증에는 알려진 자연스러운 경계선이 없다. 행동유전학자들은 DSM 기준이 너무 인위적이라고 주장한다. 증상의 개수, 심각도, 지속기간은 각각 장애의 연속체를 나타내고 있다. 2주 동안 우울증의 4가지 고도의 증상으로 인해 고통을 겪는 환자들은 예후가 좋지 않다. 5가지 중등도 정도의 장애를 초래할 증상들이 10일 동안 지속되면 예후가 좋지 않다. 5가지 경도의 증상들이 지속된다면 상당한 정도의 위험이 예상된다.

이 사례에서 캠벨 씨는 주요우울증 진단에 필요한 9가지 기준 가운데 5가지 증상을 가지고 있지 않은 것 같다. 그는 DSM-5의 달리 명시된 우울장애(불충분한 증상 동반 우울 삽화) 진단에 해당될 것이다. 우울증의 폐해—고통스러움, 미래의 완전한 삽화들, 직장 및 사회적 문제, 자살—는 아슬아슬하게 기준에 완전히 부합되지 않는 사람들에게 있어서는 약간 덜 나타난다는 사실을 인식할 필요가 있다. 어떤 분석에 의하면 주요우울증은 5가지 증상을 보고한 사람들과 마찬가지로 3~4가지 증상을 보고한 사람들에게서도 발병했다. 유전 가능성에 대한 추정치 역시 유사하다. 한 형제자매에게서 나타나는 '경미한' 정도의 우울증은 일란성 쌍생아에게는 완전한 우울증이 발병될 것으로 예측된다. 달리 명시된 우울장애의 한 형태는 특히 위험해 보인다. 즉, 재발성 단기 우울증은 높은 자살시도율과 연관이 있다.

DSM-5의 명시되지 않는 우울장애와 달리 명시된 우울장애 범주는 중요한 임상적 현실을 인정하고 있다. 즉, 사실상 우울증의 반쪽 그림자는 우울증이다. 낮은 수준의 삽화들은 기분저하증이 나타나지 않은 상황에서조차 주요우울증의 전조와 후유증처럼 보일 수 있다. 낮은 수준의 우울증은 그 자체로 고통을 나타내고 위험성을 내포하고 있다.

캠벨 씨의 담당의사는 환자의 호소 내용을 심각하게 받아들이고 싶어 할 것이다. 캠벨 씨는 불충분한 증상을 동반한 우울 삽화에 접어들었을 수 있다. 그러나 불충분하다는 것은 주요우울 삽화의 증상 개수와 관련이 있을 뿐, 임상적 관심을 불러일으키는 데 필요한 질환의 수준과는 무관하다. 특히 지엽적 요인들—예를 들어, 이 사례에서는 고전적 우울증의 전형인 주야 변화—이 기분장애를 암시하는 경우, 임상가는 사실상 그 상태를 우울증으로 간주할 것이고, 이에 상응하는 긴급함과 철저함으로 그 상황에 접근할 것이다.

읽을거리

Cassidy WL, Flanagan NB, Spellman M, Cohen ME: Clinical observations in manic-depressive disease: a quantitative study of one hundred manic-depressive patients and fifty medically sick controls. J Am Med Assoc 164(14):1535-1546, 1957

Havens L: A Safe Place: Laying the Groundwork of Psychotherapy. Cambridge, MA, Harvard University Press, 1989

Kendler KS, Gardner CO Jr: Boundaries of major depression: an assessment of DSM-IV criteria. Am J Psychiatry 155(2):172-177, 1998

Kendler KS, Muñoz RA, Murphy G: The development of the Feighner criteria: a historical perspective. Am J Psychiatry 167(2):134-142, 2010

Kramer P: Against depression. New York, Viking, 2005

Pezawas L, Angst J, Gamma A, et al: Recurrent brief depression—past and future. Prog Neuropsychopharmacol Biol Psychiatry 27(1):75-83, 2003

사례 12: 불면증과 신체 증상 호소
Insomnia and Physical Complaints

Russell F. Lim, M.D.

카 팡[Ka Fang](59세, 여)은 몽족[Hmong] 미망인으로, 일차진료 의사에게 피로, 만성 요통, 불면증을 반복적으로 호소하다가 정신건강 클리닉에 의뢰되었다. 지난 11개월간 내과 전문의는 환자의 수면을 돕기 위해 클로나제팜을, 통증 완화를 위해 비코딘[vicodin]을 처방해 줬다. 곧 그녀의 수면곤란은 해소되었고 통증도 완화되었으나, 그녀는 계속해서 온종일 피로감에 시달렸다. 그 시점에서 내과 전문의는 그녀를 정신의학적 평가에 의뢰했다.

카 부인은 수년 전 태국에서 미국으로 이민 왔다. 본래 라오스가 고향인 그녀와 가족들은 베트남전쟁으로 20여 년간 태국의 난민촌에서 지냈다. 그녀의 가족들은 지역 교단의 도움으로 새크라멘토 지역에 재정착했다.

몽족 통역자를 통한 질문에 카 부인은 자신에게 우울 기분은 없다고 답했다. 즐겁게 지내고 있는지에 대해 묻자, 그녀는 미국에 살게 된 것 자체만 해도 특권으로 여기고 있어서, 자신에게는 아무런 불평할 권리가 없다고 했다. 그녀는 자신이 가족을 돕기에 충분한 일을 하고 있지 않다는 느낌이 든다고 했다. 그녀는 "온종일 아무 일도 하지 않았음"에도 피로감이 드는 것에 대해 당혹스러워했고, 자해 의도는 없다고 했다.

그녀는 자녀들이 몹시 자랑스럽다고 했다. 특히 아들은 태국에서 우수한 학생으로 영어도 잘했다고 말했다. 그럼에도 아들과 며느리, 그리고 두 어린 손주들은 라오스와 태국에서 살 때처럼 많은 문화적 전통을 따르고 있었고, 저녁이 되면 자주 몽족 음식을 만들어 먹곤 했다. 아들 부부는 새크라멘토 변두리 지역에 소규모 농장을 매입하여 아시아 사람들이 주로 먹는 야채를 재배하는 등 운영을 잘하고 있었다. 아들은 두 누이가 새크라멘토의 몽족 공동체로 다시 돌아갈 때까지 자신의 농장에 고용하기도 했다. 카는 캘리포니아로의 이주는 기대했던 것보다 훨씬 좋다고 했다. 그녀에게 가장 실망스러운 일은 1년 전 남편이 예기치 않게 심장마비로 세상을 떠난 사실과 대가족구성원들의 대부분이 여전히 태국에 남아 있는 것이었다.

정신상태 검사 당시, 환자는 키가 작고 체격이 좋았다. 그녀는 화장을 하지 않은 상태에서 꽃이 그려진 반팔 블라우스와 검정색 폴리에스터 바지를 입고 있었고, 검정색 플립플랍 샌들을 신고 있었다. 그녀는 손목에 흰색 실을 두르고 있었다. 그녀의 눈은 전반적으로 아래를 향했고 조심스러워하는 것 같았다. 그녀는 슬프고 위축되어 보였으나, 우울한 느낌은 없다고 했다. 그녀의 말은 느렸고, 조심스러웠으며, 환각, 자살 경향성, 살해 경향성은 없다고 했다. 인지검사 결과, 주의력과 집중력은 정상으로 나타났다. 그녀는 정식 교육을 거의 받지 않았고, 기능적 문맹 같았다. 그녀의 질병에 대한 병식은 제한적인 것 같았다. 손목에 감겨 있는 실에 대해 묻자, 최근에 찾아낸 몽족 무당이 멀리 있는 친척들과의 재회를 위한 영혼초대 의식을 몇 차례 치러 줬다고 했다.

진단

- 달리 명시된 우울장애(불충분한 증상 동반 우울 삽화)

논의

카는 피로감, 불면증, 통증의 원인 규명을 위한 정신 감정을 받기 위해 클리닉을 찾았다. 그녀는 불면증, 무가치감, 피로 증상이 있음이 확실시된다. 그러나 그녀는 우울 기분, 무쾌감증, 초조, 체중 감소, 집중곤란, 또는 자살사고에 대해서는 부인했다. 그녀는 DSM-5의 9가지 주요우울증 기준 가운데 오로지 3가지만이 충족된다. 진단을 내리기 위해서는 5가지가 요구된다.

카는 문화와 관련된 여러 쟁점에 관해 말하고 있다. 그녀는 새크라멘토 근교에 있는 그들 소유의 농장에서 아들 가족과 함께 몽족 언어를 사용하는 가정에서 살고 있다. 이들은 채소를 재배하고 있는데, 이러한 일은 이들이 라오스와 태국에서 거주할 때의 생업인 것 같다. 몽족 문화에서 결혼한 젊은 부부는 일반적으로 남편의 가족과 함께 살면서 시어머니를 모시고 생활한다. 카는 현재 상황에 감사하고 있다. 그렇지만 최근 남편이 세상을 떠났고, 딸은 새크라멘토의 몽족 공동체로 되돌아간 상황에서 카는 자기가 여전히 하찮은 존재 같고 외로운 느낌이 들 수 있다. 기능적 문맹 상태인—제한적인 교육적 자원이 주로 남성들에게만 주어지는 사회에서는 특이할 것도 없지만—카는 이메일과 신문 등 외부와 접속할 수 있는 도구를 사용할 수 없는 상황에 있다. 그녀의 고립감은 면담자가 그녀의 손목에서 목격한 줄과 연결되어 있는 것처럼 보인다. 샤머니즘적으로 영혼을 부르는 의식은 가족의 재회를 바라는 것이고, 그녀는 특히 자신의 딸들, 동남아시아에 있는 고향집, 몽족Hmong[*역자 주. 미아오Miao족의 자칭] 문화, 대가족, 그리고 조상들과 멀리 떨어져 있는 상황을 감안할 때, 어려움에 처해 있을 수 있다.

카가 기분장애를 가지고 있는지에 대한 평가에 있어서는 몽족 언어에는 우울증이라는 말이 없다는 사실을 알고 있을 필요가 있다. 다른 문화권의 많은 사람처럼, 카는 불면증, 무력증, 신체적 통증 등의 신체 증상들을 "우울 기분" 대신 기술하고 있다. 이러한 증상들은 DSM-5의 MDD 증상 기준에 부합되는 것 같지 않다. 그리고 그녀에 의하면 증상들은 기분부전장애에서 필수적으로 요구하는 기간인 2년 동안 지속되지 않았다. 따라서 그녀의 자녀로부터 부수적인 정보를 수집하는 것이 유용할 것이다. 그녀의 자녀는 진단을 공고히 할 수 있는 정보를 제공할 수 있을 것이다. 현재 상태 그대로, 그녀는 DSM-5의 달리 명시된 우울장애 진단에 가장 잘 부합된다(불충분한 증상 동반 우울 삽화).

읽을거리

Culhane-Pera KA, Vawter DE, Xiong P, et al: Healing by Heart: Clinical and Ethical Case Stories of Hmong Families and Western Providers. Nashville, TN, Vanderbilt University Press, 2003

Lim RF: Clinical Manual of Cultural Psychiatry. Washington, DC, American Psychiatric Publishing, 2006

04

우울장애

DSM-5® 확인문제

01 기분장애의 분류에 있어서 DSM-5와 DSM-IV의 차이점에 관한 설명으로 옳은 것은?

A. 차이가 없다.

B. 기분장애는 DSM-IV에서는 다른 절로 분리되었으나, DSM-5에서는 하나의 절로 통합되었다.

C. 모든 기분장애가 DSM-IV에서는 하나의 절에 포함되었으나, DSM-5에서는 우울 기분장애와 양극성 기분장애 절로 분리되었다.

D. DSM-IV에서는 기분장애와 불안장애 절로 나뉘어 있었으나, DSM-5에서는 기분장애와 불안장애가 하나의 절로 통합되었다.

E. DSM-IV에서는 정신병적 양상 동반 기분장애를 다른 기분장애들과 동일한 절에 위치시켰으나, DSM-5에서는 정신병 동반 기분장애를 분리된 절에 위치시켰다.

02 월경전불쾌감장애(PMDD) 분류에 있어서 DSM-5와 DSM-IV의 차이점은?

A. PMDD는 DSM-IV의 부록에 수록되었고, DSM-5에서도 이 위치에 남아 있다.

B. PMDD는 DSM-IV에 포함되지 않았으나, DSM-5의 부록에는 수록되어 있다.

C. PMDD는 더 이상 타당한 정신의학적 진단으로 간주되지 않는다.

D. PMDD는 DSM-5의 "우울장애" 장에 포함되어 있으나, DSM-IV의 "기분장애" 장에는 포함되지 않았다.

E. PMDD는 DSM-5에 포함되어 있으나, 진단명이 바뀌었다.

03 사랑하는 이의 죽음에 따른 우울 증상에 대한 DSM-5의 진단적 규정은?

A. 사랑하는 이의 상실 이후 2개월 미만 지속되는 우울 증상은 주요우울 삽화 진단을 받는 것에서 배제된다.

B. 주요우울 삽화로 진단을 받으려면, 우울증은 상실 이후 12개월 이후에 시작되어야 한다.

C. 주요우울 삽화로 진단을 받으려면, 이러한 사람들에게 있어서 우울 증상에는 자살사고가 포함되어 있어야 한다.

D. 사랑하는 이의 상실 이후의 우울 증상은 진단기준을 충족시킨다면 주요우울 삽화 진단에서 배제되지 않는다.

E. 사랑하는 이의 상실에 따른 우울 증상은 주요우울 삽화 진단을 받는 것에서 배제된다. 그러나 사별 후 우울증에 대한 제안된 진단범주가 "추가연구를 위한 상태"(DSM-5 부록)에 포함되어 추가연구를 기다리고 있다.

04 다음 중 애도와 주요우울 삽화(MDE)의 차이점에 관한 진술로 옳지 않은 것은?

A. 애도에 있어서 두드러지는 정동은 공허감과 상실감인 반면, MDE에 있어서는 지속성 우울 기분과 행복 또는 즐거움에 대한 기대 불능이다.

B. 애도의 고통은 MDE의 특징인 전반적인 불행과 고통과는 달리 긍정적 정서와 유머를 동반할 수 있다.

C. 애도와 연관된 사고 내용은 MDE에서 나타나는 자기비판적 또는 비관적인 되새김보다는 일반적으로 고인에 대한 사고와 기억에 집착하는 양상을 보인다.

D. 애도에 있어서는 무가치감과 자기혐오가 흔하지만, MDE에서는 일반적으로 자존감은 유지된다.

E. 만일 사별한 사람이 죽음과 임종에 대해 생각한다면, 이러한 사고는 일반적으로 고인에게 초점이 맞추어져 있고 고인과 "재회"하는 것에 관한 것인 반면, MDE에서의 사고는 무가치감, 삶의 무가치성, 또는 우울증의 고통에의 대처능력 상실로 인한 자신의 삶의 종지부를 찍는 것에 초점이 맞추어진다.

05 물질/약물치료로 유발된 우울장애가 있는 사람들의 물질사용장애가 없는 주요우울장애가 있는 사람들과의 차이점은?

A. 여성이 더 많다.

B. 학력이 더 높다.

C. 남성이 더 많다.

D. 백인이 더 많다.

E. 자살 사고/시도가 덜한 것으로 보고된다.

06 50세 남성이 몇 주 동안 업무능력을 저해하는 우울 기분을 지속적으로 나타내고 있다. 그는 불면증과 피로감이 있고, 죄책감을 느끼고 있으며, 차라리 죽는 것이 낫다는 생각을 하고 있고, 사람들이 자살이라는 것을 모르게 죽는 방법에 대해 생각하고 있다. 그의 부인은 그가 하루에도 수차례씩 성관계를 요구하고 있고, 정기적으로 "안마시술소"를 다니고 있는 것 같다면서, 이러한 일들은 그의 전형적인 행동이 아니라고 귀띔한다. 그는 그녀에게 "더 좋은 인터넷"을 위한 아이디어가 있고, 그가 사용할 수 없는 소프트웨어 프로그램에 수천 달러를 투자했다고 말했다. 그녀는 그가 피로감을 호소함에도, 하루에 1~2시간만 수면을 취하면서도 낮시간 동안 엄청난 에너지를 지닌 것처럼 보인다고 전한다. 이 환자에게 가장 적합한 진단은?

A. 조증 삽화

B. 경조증 삽화

C. 주요우울 삽화

D. 주요우울 삽화, 혼재성 양상 동반

E. 주요우울 삽화, 비전형적 양상 동반

07 고전적인 조현병 양상이 있는 45세 남성은 정신병 활성기 삽화 동안 항상 동반 발생하는 "의기소침한 상태"의 느낌, 식욕부진, 무망감, 그리고 불면증과 같은 우울증 증상들을 겪고 있다. 이러한 우울 증상들은 정신병적 삽화가 있는 동안과 환자가 조현병 활성기 증상을 겪었던 2년 동안에 한해서 발생하였다. 정신병적 삽화가 약물치료에 의해 성공적으로 조절된 이후에는 더 이상의 우울증 증상은 나타나지 않았다. 이 환자는 주요우울장애의 진단범주에 완전히 충족된 적은 한 번도 없었다. 이 사례에 대해 적절한 DSM-5 진단은?

A. 조현병

B. 조현정동장애

C. 지속성 우울장애(기분저하증)

D. 조현병 및 지속성 우울장애(기분저하증)

E. 명시되지 않는 조현병 스펙트럼 및 기타 정신병적 장애

08 DSM-5에서 새롭게 수록된 우울장애 진단은?

A. 아증후군적 우울장애, 월경전불쾌감장애, 혼재성 불안장애와 우울장애

B. 파괴적 기분조절부전장애, 월경전불쾌감장애, 지속성 우울장애(기분저하증)

C. 파괴적 기분조절부전장애, 월경전불쾌감장애, 아증후군적 우울장애

D. 파괴적 기분조절부전장애, 폐경기후 불쾌감장애, 지속성 우울장애(기분저하증)

E. 혼재성 불안장애와 우울장애, 사별로 인한 주요우울장애, 폐경기후 불쾌감장애

09 우울증 환자가 자신이 평소에 즐기던 활동을 통해 아무런 즐거움을 느끼지 못하고 있다고 호소한다. 다음 중 이 환자가 멜랑콜리아 양상 동반 주요우울장애로 진단을 받기 위해 추가적으로 요구되는 증상은?

A. 의존성, 아침에 더욱 악화되는 우울증, 수면개시 불능

B. 저녁에 더욱 악화되는 우울증, 정신운동성 초조, 심각한 체중 감소

C. 부적절한 죄의식, 아침에 더욱 악화되는 우울증, 이른 아침 각성

D. 심각한 체중 증가, 저녁에 더욱 악화되는 우울증, 과도한 죄의식

E. 의존성, 심각한 체중 증가, 정신운동 지체

10 39세 여성이 자신이 근무하는 회사가 폐업을 한 지난해 겨울에 매우 우울해졌지만, 봄이 되자 완전히 정상이 되었다고 보고한다. 그녀는 지난 5년 동안 주요우울장애의 진단범주를 충족시켰을 몇 가지 다른 우울증 삽화를 겪었다고 회상한다(그녀는 계절성이라는 사실을 알지 못함). 다음 중 "주요우울장애, 계절성 동반" 진단에 대한 이 환자의 적합성을 올바르게 요약한 것은?

A. 이 진단에 적합하지 않다. 삽화는 가을에 시작되어야 하고, 이 환자는 계절성 패턴이 없는 삽화를 가지고 있지 않은 것이 확실하기 때문이다.

B. 이 진단에 적합하지 않다. 기술된 단일 삽화가 겨울에 시작되어 봄에 끝났기 때문이다.

C. 이 진단에 적합하지 않다. 이 환자는 지난 2년간 계절성 관계 동반 삽화 2가지가 확실히 있었고, 이 기간에 비계절성 삽화는 없었기 때문이다.

D. 이 진단에 적합하다. 기술된 증상들이 심리사회적 스트레스 요인들과 관련이 있기 때문이다.

E. 이 진단에 적합하다. 이러한 증상들은 제I형 또는 제II형 양극성장애와 관련이 없기 때문이다.

11 다음 중 미국 내 주요우울장애의 유병률에 관한 진술로 옳은 것은?

A. 12개월 유병률은 17%다.

B. 여성과 남성의 유병률은 모든 연령층에서 동일하다.

C. 여성이 모든 연령층에서 유병률이 더 높다.

D. 18~29세의 유병률은 60대보다 3배 더 높다.

E. 60대의 유병률은 18~29세보다 3배 더 높다.

12 다음 중 주요우울장애(MDD)의 유전 가능성에 관한 진술로 옳은 것은?

A. 유전적 소질이 있는 사람들의 거의 100%는 독단주의 성격 특질에 의해 설명될 수 있다.

B. 유전 가능성은 대략 40%이고, 신경증적 경향성 성격 특질은 유전적 소질의 상당 부분을 설명한다.

C. 유전적 소질이 있는 사람들의 10% 미만은 완벽주의 성격 특질에 의해 설명될 수 있다.

D. 유전적 소질이 있는 사람들의 거의 50%는 공격적인 성격 특질에 의해 설명될 수 있다.

E. MDD의 유전 가능성은 개인의 어머니 또는 아버지에게 MDD가 있는지의

여부에 달려 있다.

13 다음 중 주요우울장애(MDD)의 진단적 표지자에 관한 진술로 옳은 것은?

A. MDD의 진단도구로 사용될 수 있을 만큼 충분히 민감하고, 명확한 결과를 산출하는 검사실 검사는 없었다.

B. 몇몇 진단적 검사실 검사는 존재하나, 영리 기업들은 대중에게 제공하지 않을 것이다.

C. 진단적 검사실 검사는 피검자들이 MDD 양성으로 판명되는 것에 대한 공포로 인해 시행되지 않고 있다.

D. 현존하는 검사들은 진단적으로는 적절하나, 건강보험의 혜택을 받을 수 없다.

E. 기능적 자기공명영상functional magnetic resonance imaging(fMRI)만이 MDD에 대한 진단의 신뢰성을 제공한다.

14 다음 중 주요우울장애(MDD)에서 자살 위험과 자살률에 있어서의 성별 차이에 관한 진술로 옳은 것은?

A. 자살 시도와 완수 위험은 여성이 더 높다.

B. 자살 시도와 완수 위험은 남성이 더 높다.

C. 자살 시도와 완수 위험은 남성과 여성이 동일하다.

D. 성별에 따른 자살률의 차이는 일반 인구에 있어서보다 MDD가 있는 사람들이 월등히 높다.

E. 자살시도의 위험은 여성이 더 높지만, 자살완수의 위험은 더 낮다.

15 12세 남자아이에게 상황에 비해 지나친 정도의 새로운 분노발작 삽화가 발현되었다. 다음 중 이 환자에 대해 내려질 가능성이 없는 진단은?

A. 파괴적 기분조절부전장애

B. 양극성장애

C. 적대적 반항장애

D. 품행장애

E. 주의력결핍 과잉행동장애

16 다음 중 파괴적 기분조절부전장애(DMDD)와 아동의 양극성장애를 구별하는 특징은?

A. 발병연령

B. 아동의 성별

C. 과민성

D. 만성

E. 심각도

17 다음 중 파괴적 기분조절부전장애가 있는 아동이 성인기에 발달시킬 가능성이 가장 높은 장애는?

A. 제I형 양극성장애

B. 조현병

C. 제II형 양극성장애

D. 경계성 성격장애

E. 단극성 우울장애

18 과민한 8세 아동은 가정과 학교에서 분노발작 과거력이 있다. 이 아동이 파괴적 기분조절부전장애로 진단되기 위해 반드시 추가적으로 발현되어야 할 특징적인 기분 양상은?

A. 분노발작 사이에 아동의 기분은 전형적으로 안정적이다.

B. 분노발작 사이에 아동의 기분은 전형적으로 경조증이다.

C. 분노발작 사이에 아동의 기분은 전형적으로 우울하다.

D. 분노발작 사이에 아동의 기분은 전형적으로 과민하거나 분노 상태다.

E. 기분 증상과 분노발작은 6개월 이상 지속되지 않아야 한다.

19 파괴적 기분조절부전장애(DMDD)가 있는 아동이 흔히 충족시키는 진단범주를 포함하고 있는 DSM-5 진단은?

A. 소아 양극성장애

B. 적대적 반항장애

C. 조현병

D. 간헐적 폭발장애

E. 주요우울장애

20 파괴적 기분조절부전장애(DMDD)의 진단기준에는 6세 이전 또는 18세 이후에 처음으로 진단되지 않아야 한다고 명시되어 있다(진단기준 G). 다음 중 이러한 연령 범위 제한의 근거가 가장 잘 기술된 것은?

A. 이 진단의 타당도는 7～18세 연령집단에 한해서 설정되어 있다.

B. 이러한 제한은 DMDD와 양극성장애를 감별하기 위한 시도다.

C. 이러한 제한은 기존의 유전적 자료에 기초한 것이다.

D. 이러한 제한은 DMDD와 간헐적 폭발장애를 감별하기 위한 시도다.

E. 이러한 제한은 DMDD와 자폐스펙트럼장애를 감별하기 위한 시도다.

21 9세 남자아이가 학교 공부에 좌절될 때의 분노발작 때문에 평가를 받기 위해 클리닉에 오게 됐다. 부모에 의하면, 이 아이는 다른 때는 잘 행동하고 즐거운 시간을 보낸다. 이러한 임상상에 가장 적합한 진단은?

A. 파괴적 기분조절부전장애

B. 소아 양극성장애

C. 간헐적 폭발장애

D. 주요우울장애

E. 지속성 우울장애(기분저하증)

22 14세 남자아이가 지난 1년 내내 우울하게 지냈다고 호소한다. 그는 여름 4주간 캠프에 참여한 기간에는 기분이 나아졌다고 기억하고 있다. 그러나 집에 돌아오자, 우울 기분이 다시 찾아왔다. 그는 집중력 저하, 무망감, 낮은 자존감을 보고하지만, 자살사고 또는 식욕이나 수면 변화는 없다고 한다. 이 사례에 가장 적절한 진단은?

A. 주요우울장애

B. 파괴적 기분조절부전장애

C. 단기 경조증 동반 우울 삽화

D. 지속성 우울장애(기분저하증), 조기 발병 동반

E. 조현정동장애

23 30세 여성이 2년간 모든 활동에서의 즐거움 상실, 죽는 것이 나을 거라는 사고 되새김, 자신이 행한 "나쁜 짓"에 대한 죄책감, 그리고 의사결정에 대한 무능력으로 인해 퇴직에 대한 생각 때문에 지속적으로 우울 기분이 있었다고 보고한다. 그녀는 우울증 치료를 받은 적은 한 번도 없었지만, 때로 입원해야 하지 않을까 하는 생각으로 고통스러워한다. 그녀는 수면 욕구는 높아졌지만, 낮시간 동안 피로를 느끼고 있다. 또한 과식으로 인해 체중이 12kg 증가하였다. 그녀는 약물 또는 알코올 사용은 하지 않는다고 한다. 그리고 그녀에 대한 검사실 비타민 검사를 비롯한 의학적 정밀검사 결과는 완전히 정상이었다. 지난 몇 주 동안 기분 악화로 인해 진찰이 실시되었다. 이 사례에 가장 적절한 진단은?

A. 주요우울장애(MDD)

B. 지속성 우울장애(기분저하증), 지속성 주요 우울 삽화 동반

C. 순환기분장애[cyclothymia]

D. 제II형 양극성장애

E. MDD, 멜랑콜리아 양상 동반

24 다발성 경화증multiple sclerosis이 있는 45세 여성은 1년 전 인터페론 베타-1a로 치료를 받은 후 신체적 증상들이 사라졌다. 그녀는 현재 우울 기분(지난 수개월간 매일 겪고 있음), 중간 불면증(최근 발병), 식욕부진, 집중곤란, 그리고 성행위에 대한 흥미 감소를 나타내고 있다. 그녀는 신체적 증상은 없지만, 자주 결근하고 있다. 그녀는 어떤 적극적인 자살계획도 하지 않고 있다고 하지만, 기분이 악화되면 자주 생각하게 된다는 사실을 인정한다. 이 사례에 가장 적절한 진단은?

A. 주요우울장애

B. 지속성 우울장애(기분저하증)

C. 다른 의학적 상태로 인한 우울장애

D. 물질/약물치료로 유발된 우울장애

E. 지속성 우울장애(기분저하증) 및 다발성 경화증

25 최근에 베이징으로부터 미국에 도착한 18세 여대생이 산부인과 의사에게 자신의 과민성, 룸메이트와의 문제, 식욕 증가, 부어오른 느낌, 그리고 월경 시작 3~4일 전의 우울감을 호소한다. 그녀는 이러한 증상들이 12세 되던 해 초경을 경험한 이래 줄곧 지속되었다고 보고한다(그렇지만 기분일지는 한 번도 기록한 적은 없음). 산부인과 의사는 자신이 아직 새로운 DSM-5 진단기준에 익숙하지 않기 때문에 올바른 진단을 위한 진찰을 요청한다. 당신의 반응은?

A. 이 환자는 월경전불쾌감장애의 진단범주를 충족시키지 못하기 때문에 월경전증후군이 있는 것으로 진단된다.

B. 이 환자는 월경전불쾌감장애의 잠정적 진단에 적합하다. 그러나 이 진단은 DSM-5에는 존재하지 않는다.

C. 이 환자는 월경전불쾌감장애의 잠정적 진단에 적합하다.

D. 만일 월경전불쾌감장애 진단이 아시아 여성들에게도 타당하다면, 이 환자는 월경전불쾌감장애의 잠정적 진단에 적합하다.

E. 이 환자는 DSM-5 진단에 해당되지 않는다.

26 월경전불쾌감장애의 확진을 위한 적절한 방법은?

A. 검사실 검사

B. 가족력

C. 신경심리적 검사

D. 타당화된 척도Daily Rating of Severity of Problems에 의한 2개월 또는 그 이상의 향후 증상 평가

E. 일일 문제심각도 평가척도 상의 점수가 높은 1개월 또는 월경 전 기분 증상에 대한 시각 상사 척도Visual Analogue Scales for Premenstrual Mood Symtoms상의 점수가 높은 1개월

27 29세 여성이 매우 고통스러운 월경이 예견되는 것으로 인해 매월 우울하다고 호소한다. 통증은 월경 시작과 함께 시작되고, 수일간 지속된다. 그녀는 1개월 중 다른 시간은 통증이 없다. 그녀는 다양한 치료법을 시도해 보았지만, 아무 소용이 없었다. 이 사례에 적절한 진단은?

A. 월경전불쾌감장애

B. 월경전증후군

C. 월경통

D. 허위성장애

E. 지속성 우울장애(기분저하증)

28 다음 중 월경전불쾌감장애의 진단범주를 충족시키기 위해 여성에게 반드시 나타나야 하는 증상은?

A. 뚜렷한 정서적 적응성

B. 일상적인 활동에의 흥미 감소

C. 유방압통breast tenderness 같은 신체적 증상

D. 뚜렷한 식욕 변화

E. 압도 또는 통제 불능감

29 23세 여성이 월경주기 때마다 유방팽창, 고창증bloating, 과다수면증, 단 음식에 대한 갈망, 집중력 저하, 그리고 자신의 정상적인 책임완수 불능감을 겪는다고 보고한다. 그녀는 또한 자신이 정서적으로 다소 민감해지고, 슬픈 이야기를 들을 때 눈물을 흘리게 된다고 한다. 그녀는 경구 치료약물은 복용하지 않고 있지만, 드로스피레논/에티닐 에스트라디올 패치drospirenone/ethinyl estradiol patch를 사용하고 있다. 이 임상상에 가장 적합한 진단은?

A. 월경전불쾌감장애(PMDD)

B. 기분저하증

C. 월경통

D. 월경전증후군

E. 물질/약물치료로 유발된 우울장애

30 기분 증상 과거력이 없는 31세 여성이 월경을 시작하기 약 4일 전에 시작되는 기분 불안정과 과민성으로 고통을 당하고 있다고 보고한다. 그녀는 "벼랑 끝에 서 있는" 느낌이 들고, 집중할 수 없으며, 어떤 활동을 해도 거의 즐거움을 느끼지 못하고, 자신의 유방이 부풀어 오르는 느낌이 든다고 보고한다. 이 환자는 이러한 증상들이 6개월 전에 처음으로 경구 피임약을 복용하기 시작한 때에 시작되었다고 보고한다. 만일 그녀가 경구 피임약 복용을 중단해서 증상이 사라진다면, 이 사례에 적합한 진단은?

A. 월경전불쾌감장애

B. 기분저하증

C. 주요우울 삽화

D. 물질/약물치료로 유발된 우울장애

E. 월경전증후군

31 45세 남성이 최고도 갑상선기능저하증으로 병원에 입원하였다. 그는 우울 상태에 있지만, 인턴이 내린 진단인 주요우울장애(MDD)의 진단범주에는 완전히 부합되지 않는다. 이 환자는 이전에 기분장애 과거력은 없다. 그리고 모든 우울 증상은 일시적으로 갑상선기능저하증과 연관된 것이다. 이러한 정보를 기초로, 진단을 다른 의학적 상태로 인한 우울장애로 변경하고 MDD의 진단범주에 완전히 부합되지 않음을 나타내는 명시자를 기입하기로 결정하는 경우, 이 진단의 완전한 기록방법은?

A. DSM-5의 축 III에 갑상선기능저하증의 부호를 기록한다.

B. DSM-5에는 특별한 부호화 절차가 없다.

C. 갑상선기능저하증은 DSM-5 진단에서는 "다른 의학적 상태"라는 명칭으로 기록된다.

D. DSM-5에서 의학적 장애는 정신장애 진단의 일부로 부호화되지 않는다.

E. 이러한 쟁점을 다루기 위해 DSM-5의 개정이 계획되어 있다.

05

우울장애 DSM-5®
확인문제 정답

01 기분장애의 분류에 있어서 DSM-5와 DSM-IV의 차이점에 관한 설명으로 옳은 것은?

A. 차이가 없다.

B. 기분장애는 DSM-IV에서는 다른 절로 분리되었으나, DSM-5에서는 하나의 절로 통합되었다.

C. 모든 기분장애가 DSM-IV에서는 하나의 절에 포함되었으나, DSM-5에서는 우울 기분장애와 양극성 기분장애 절로 분리되었다.

D. DSM-IV에서는 기분장애와 불안장애 절로 나뉘어 있었으나, DSM-5에서는 기분장애와 불안장애가 하나의 절로 통합되었다.

E. DSM-IV에서는 정신병적 양상 동반 기분장애를 다른 기분장애들과 동일한 절에 위치시켰으나, DSM-5에서는 정신병 동반 기분장애를 분리된 절에 위치시켰다.

정답 C. 모든 기분장애가 DSM-IV에서는 하나의 절에 포함되었으나, DSM-5에서는 우울 기분장애와 양극성 기분장애 절로 분리되었다.

해설 DSM-IV와는 달리, DSM-5에서는 우울장애가 양극성 및 관련 장애로부터 분리되었고, 몇 개의 새로운 장애를 추가되었다. "정신병적 양상 동반"은 양극성장애와 우울장애의 명시자로, 정신병적 증상 동반 기분장애에 대한 분리된 진단범주는 없다.

머리말 (pp. 8-11)

02 월경전불쾌감장애(PMDD) 분류에 있어서 DSM-5와 DSM-IV의 차이점은?

A. PMDD는 DSM-IV의 부록에 수록되었고, DSM-5에서도 이 위치에 남아 있다.

B. PMDD는 DSM-IV에 포함되지 않았으나, DSM-5의 부록에는 수록되어 있다.

C. PMDD는 더 이상 타당한 정신의학적 진단으로 간주되지 않는다.

D. PMDD는 DSM-5의 "우울장애" 장에 포함되어 있으나, DSM-IV의 "기분장애" 장에는 포함되지 않았다.

E. PMDD는 DSM-5에 포함되어 있으나, 진단명이 바뀌었다.

정답 D. PMDD는 DSM-5의 "우울장애" 장에 포함되어 있으나, DSM-IV의 "기분장애" 장에는 포함되지 않았다.

해설 증거에 대한 주의 깊은 과학적 검토 후, PMDD는 DSM-IV의 부록 B("추가연구를 위해 제공되는 진단범주 세트와 축들")에서 DSM-5의 제II편으로 옮겨졌다. 이 질환에 대한 거의 20년간의 추가적인 연구들을 통해, 때로 배란 이후에 시작되어 월경 시작 수일 내에 관해되며, 기능에 뚜렷한 영향을 미치는 특정 및 치료 반응적 유형의 우울장애임이 확인되었다.

머리말 (pp. 8-11)

03 사랑하는 이의 죽음에 따른 우울 증상에 대한 DSM-5의 진단적 규정은?

A. 사랑하는 이의 상실 이후 2개월 미만 지속되는 우울 증상은 주요우울 삽화 진단을 받는 것에서 배제된다.
B. 주요우울 삽화로 진단을 받으려면, 우울증은 상실 이후 12개월 이후에 시작되어야 한다.
C. 주요우울 삽화로 진단을 받으려면, 이러한 사람들에게 있어서 우울 증상에는 자살사고가 포함되어 있어야 한다.
D. 사랑하는 이의 상실 이후의 우울 증상은 진단기준을 충족시킨다면 주요우울 삽화 진단에서 배제되지 않는다.
E. 사랑하는 이의 상실에 따른 우울 증상은 주요우울 삽화 진단을 받는 것에서 배제된다. 그러나 사별 후 우울증에 대한 제안된 진단범주가 "추가연구를 위한 상태"(DSM-5 부록)에 포함되어 추가연구를 기다리고 있다.

정답 D. 사랑하는 이의 상실 이후의 우울 증상은 진단기준을 충족시킨다면 주요우울 삽화 진단에서 배제되지 않는다.

해설 DSM-IV에는 사랑하는 사람의 죽음 이후 2개월 미만 동안 지속되는 우울 증상에 적용되었던 주요우울 삽화의 배제 기준이 있었다(예, 사별 배제). 이러한 배제 기준은 DSM-5에서는 몇 가지 이유로 삭제되었다. 즉, 사별이 유약한 사람에게 있어서 주요우울 삽화를 촉발할 수 있고, 일반적으로 상실 즉시 시작되며, 고통, 무가치감, 자살사고, 낮은 수준의 의학적 건강, 그리고 악화된 대인 간 및 직업 기능에 대한 추가적인 위험성을 더할 수 있다는 인식을 비롯한 이유에서였다. 전문의와 애도 상담자들이 사별기간이 대개 적어도 1~2년은 걸린다는 인식을 같이하는 상황에서, 사별이 전형적으로 2개월간만 지속되는 것으로 시사하는 문구를 삭제한 일은 매우 중요하다. 보다 단순했던 DSM-IV의 배제 기준은 상세한 각주로 대체되어, 임상가들이 사별과 주요우울장애의 특징적인 증상들 간의 중요한 구분을 할 수 있도록 도울 수 있게 되었다.

머리말 / DSM-IV에서 DSM-5로의 주요 변화사항 / 우울장애 (pp. 9-11)

04 다음 중 애도와 주요우울 삽화(MDE)의 차이점에 관한 진술로 옳지 않은 것은?

A. 애도에 있어서 두드러지는 정동은 공허감과 상실감인 반면, MDE에 있어서는 지속성 우울 기분과 행복 또는 즐거움에 대한 기대 불능이다.

B. 애도의 고통은 MDE의 특징인 전반적인 불행과 고통과는 달리 긍정적 정서와 유머를 동반할 수 있다.

C. 애도와 연관된 사고 내용은 MDE에서 나타나는 자기비판적 또는 비관적인 되새김보다는 일반적으로 고인에 대한 사고와 기억에 집착하는 양상을 보인다.

D. 애도에 있어서는 무가치감과 자기혐오가 흔하지만, MDE에서는 일반적으로 자존감은 유지된다.

E. 만일 사별한 사람이 죽음과 임종에 대해 생각한다면, 이러한 사고는 일반적으로 고인에게 초점이 맞추어져 있고 고인과 "재회"하는 것에 관한 것인 반면, MDE에서의 사고는 무가치감, 삶의 무가치성, 또는 우울증의 고통에의 대처능력 상실로 인한 자신의 삶의 종지부를 찍는 것에 초점이 맞추어진다.

정답 D. 애도에 있어서는 무가치감과 자기혐오가 흔하지만, MDE에서는 일반적으로 자존감은 유지된다.

해설 애도와 MDE를 구별하는 데 있어서, 애도의 경우는 두드러지는 정동이 공허감과 상실감인 반면, MDE는 지속성 우울 기분과 행복 또는 즐거움에 대한 기대 불능이라는 점을 고려하는 것이 유용하다. 애도에 있어서의 불쾌감은 며칠에서 몇 주에 걸쳐 강도가 약화되고, 소위 말해서 "애통pangs of grief"이 마치 파도치듯이 발생하는 경향이 있다. 이처럼 파도치듯 밀려오는 애통은 고인에 대한 생각 또는 유품과 연관이 있다.

MDE의 우울 기분은 보다 지속적이고 특정 사고 또는 집착과 연결되어 있지 않다. 애도의 고통은 MDE의 특징인 전반적인 불행과 고통과는 달리, 긍정적 정서와 유머를 동반할 수 있다. 애도와 연관된 사고 내용은 MDE에서 나타나는 자기비판적 또는 비관적인 되새김보다는 일반적으로 고인에 대한 사고와 기억에 집착하는 양상을 보인다. 애도에 있어서는 무가치감과 자기혐오가 흔하지만, MDE에서는 일반적으로 자존감은 유지된다. 만일 애도에 있어서 자기경멸적 사고가 발현된다면, 이는 전형적으로 고인에 관해 지각된 실패감이 포함되어 있다(예, 흔히 충분히 방문하지 않은 일, 고인에게 그가 얼마나 사랑을 받았는지를 말해 주지 않은 것). 만일 사별한 사람이 죽음과 임종에 대해 생각한다면, 이러한 사고는 일반적으로 고인에게 초점이 맞추어져 있고 고인과 "재회"하는 것에 관한 것인 반면, MDE에서의 사고는 무가치감, 삶의 무가치성, 또는 우울증의 고통에의 대처능력 상실로 인한 자신의 삶의 종지부를 찍는 것에 초점이 맞추어진다.

주요우울장애 / 진단기준 (pp. 26-29)

05 물질/약물치료로 유발된 우울장애가 있는 사람들의 물질사용장애가 없는 주요우울장애가 있는 사람들과의 차이점은?

A. 여성이 더 많다.

B. 학력이 더 높다.

C. 남성이 더 많다.

D. 백인이 더 많다.

E. 자살 사고/시도가 덜한 것으로 보고된다.

정답 C. 남성이 더 많다.

해설 미국의 대표적인 성인인구에 있어서, 물질사용장애가 없는 상태에서 주요우울장애가 있는 사람들과 비교할 때, 물질로 유발된 우울장애가 있는 사람들은 남성, 흑인, 고교 졸업자, 무보험자, 그리고 저소득층일 가능성이 높다. 이들은 또한 보다 높은 물질사용장애와 반사회적 행동의 가족력, 높은 스트레스 생활사건, DSM-IV의 주요우울장애 진단범주에 해당되는 다수의 증상, 무가치감, 불면증/과다수면증, 그리고 죽음에 대한 생각과 자살시도를 보고할 가능성이 더 높다.

물질/약물치료로 유발된 우울장애 / 위험 및 예후 요인(경과의 변경인자) (pp. 54-55)

06 50세 남성이 몇 주 동안 업무능력을 저해하는 우울 기분을 지속적으로 나타내고 있다. 그는 불면증과 피로감이 있고, 죄책감을 느끼고 있으며, 차라리 죽는 것이 낫다는 생각을 하고 있고, 사람들이 자살이라는 것을 모르게 죽는 방법에 대해 생각하고 있다. 그의 부인은 그가 하루에도 수차례씩 성관계를 요구하고 있고, 정기적으로 "안마시술소"를 다니고 있는 것 같다면서, 이러한 일들은 그의 전형적인 행동이 아니라고 귀띔한다. 그는 그녀에게 "더 좋은 인터넷"을 위한 아이디어가 있고, 그가 사용할 수 없는 소프트웨어 프로그램에 수천 달러를 투자했다고 말했다. 그녀는 그가 피로감을 호소함에도, 하루에 1~2시간만 수면을 취하면서도 낮시간 동안 엄청난 에너지를 지닌 것처럼 보인다고 전한다. 이 환자에게 가장 적합한 진단은?

A. 조증 삽화
B. 경조증 삽화
C. 주요우울 삽화
D. 주요우울 삽화, 혼재성 양상 동반
E. 주요우울 삽화, 비전형적 양상 동반

정답 D. 주요우울 삽화, 혼재성 양상 동반

해설 "혼재성 삽화 동반" 명시자는 현재 주요우울 삽화 내에 있는 조증 삽화의 진단범주를 충족시키기에 불충분한 적어도 3가지 조증 증상의 공존을 나타낸다. 이러한 변화는 주요우울장애의 삽화에 있어서 혼재성 양상의 발현이 이 질환이 양극성 스펙트럼에 존재할 가능성을 증가시킨다는 사실을 보여 주는 가족력과 진단적 안정성에 관한 연구에 기초한 것이다. 이러한 가능성은 이런 사람들에게 양극성장애로 진단하기에 불충분하다는 비판을 받았다. 우울 삽화 내에서 완전한 조증 증후군의 발현은 계속해서 우울장애 진단의 배제 진단기준이 될 것이다. 그리고 이러한 패턴이 있는 사람들은 조증 삽화를 가지고 있는 것으로 간주될 것이다.

우울장애의 명시자 /혼재성 양상 동반 (pp. 63-64)

07 고전적인 조현병 양상이 있는 45세 남성은 정신병 활성기 삽화 동안 항상 동반 발생하는 "의기소침한 상태"의 느낌, 식욕부진, 무망감, 그리고 불면증과 같은 우울증 증상들을 겪고 있다. 이러한 우울 증상들은 정신병적 삽화가 있는 동안과 환자가 조현병 활성기 증상을 겪었던 2년 동안에 한해서 발생하였다. 정신병적 삽화가 약물치료에 의해 성공적으로 조절된 이후에는 더 이상의

우울증 증상은 나타나지 않았다. 이 환자는 주요우울장애의 진단범주에 완전히 충족된 적은 한 번도 없었다. 이 사례에 대해 적절한 DSM-5 진단은?

A. 조현병

B. 조현정동장애

C. 지속성 우울장애(기분저하증)

D. 조현병 및 지속성 우울장애(기분저하증)

E. 명시되지 않는 조현병 스펙트럼 및 기타 정신병적 장애

정답 A. 조현병

해설 우울 증상은 만성 정신병적 장애(예, 조현정동장애, 조현병, 망상장애)의 흔한 부수적인 특징이다. 만일 증상들이 정신병적 장애(잔류기 포함)의 경과 동안에 한해서 발생한다면, 지속성 우울장애의 분리된 진단이 내려지지 않는다.

지속성 우울장애(기분저하증) / 감별진단 (pp. 42-43)

08 DSM-5에서 새롭게 수록된 우울장애 진단은?

A. 아증후군적 우울장애, 월경전불쾌감장애, 혼재성 불안장애와 우울장애

B. 파괴적 기분조절부전장애, 월경전불쾌감장애, 지속성 우울장애(기분저하증)

C. 파괴적 기분조절부전장애, 월경전불쾌감장애, 아증후군적 우울장애

D. 파괴적 기분조절부전장애, 폐경기후 불쾌감장애, 지속성 우울장애(기분저하증)

E. 혼재성 불안장애와 우울장애, 사별로 인한 주요우울장애, 폐경기후 불쾌감장애

정답 B. 파괴적 기분조절부전장애, 월경전불쾌감장애, 지속성 우울장애(기분저하증)

해설 DSM-5의 "우울장애" 장에는 몇 가지 새로운 진단이 등장하였다. 증거에 대한 주의 깊은 과학적 검토 후, 월경전불쾌감장애(PMDD)는 DSM-IV의 부록 B("추가연구를 위해 제공되는 진단범주 세트와 축들")에서 DSM-5의 제II편으로 옮겨졌다. 이 질환에 대한 거의 20년간의 추가적인 연구들을 통해 때로 배란 이후에 시작되어 월경 시작 수일 내에 관해되며 기능에 뚜렷한 영향을 미치는 특정 및 치료 반응적 유형의 우울장애임이 확인되었다.

아동에 대한 양극성장애의 과잉진단과 치료의 가능성에 관한 염려를 언급하기 위해, 아동이 지속성 과민성과 극도의 행동 조절곤란[dyscontrol] 삽화의 발현을 나타내는 파괴적 기분조절부전장애(DMDD)가 12세까지의 아동들을 위한 우울장애에 추가되었다. 이 장애를 이 장에 배치한 것은 이러한 증상 패턴이 있는 아동들이 청소년기와 성인기로 성숙해 감에 따라 양극성장애보다는 전형적으로 단극성 우울장애 또는 불안장애를 발달시킨다는 연구결과를 반영한 것이다.

우울증의 보다 만성적 유형인 지속성 우울장애(기분저하증)는 기분장해가 성인기에 적어도 2년간(아동은 1년간) 지속될 때 진단될 수 있다. DSM-5에 새롭게 추가된 이 진단은 DSM-IV의 만성 주요우울증과 기분저하증의 진단범주를 포함하고 있다.

서론 장 (pp. 17-18)

09 우울증 환자가 자신이 평소에 즐기던 활동을 통해 아무런 즐거움을 느끼지 못하고 있다고 호소한다. 다음 중 이 환자가 멜랑콜리아 양상 동반 주요우울장애로 진단을 받기 위해 추가적으로 요구되는 증상은?

A. 의존성, 아침에 더욱 악화되는 우울증, 수면개시 불능

B. 저녁에 더욱 악화되는 우울증, 정신운동성 초조, 심각한 체중 감소

C. 부적절한 죄의식, 아침에 더욱 악화되는 우울증, 이른 아침 각성

D. 심각한 체중 증가, 저녁에 더욱 악화되는 우울증, 과도한 죄의식

E. 의존성, 심각한 체중 증가, 정신운동 지체

정답 C. 부적절한 죄의식, 아침에 더욱 악화되는 우울증, 이른 아침 각성

해설 주요우울장애의 "멜랑콜리아 양상 동반" 명시자로 진단되려면 반드시 2가지 진단범주를 충족시켜야 한다. 진단기준 A에는 다음 중 한 가지 증상이 현재 삽화가 가장 심하게 나타나는 기간에 발현되어야 한다고 명시되어 있다(① 모든 또는 거의 모든 활동에서 즐거움 상실, ② 평소 즐거워하던 자극에 대한 반응성 결여(일시적으로조차 좋은 일이 생기는 경우에도 감정이 크게 나아지지 않음). 진단기준 B에는 다음 중 3가지(또는 그 이상)가 반드시 발현되어야 한다고 명시되어 있다(① 최고도의 의존성, 절망감 및/또는 시무룩함 또는 소위 말해서 공허한 기분이 특징인 뚜렷이 구분되는 우울 기분, ② 정기적으로 아침이 되면 악화되는 우울증, ③ 이른 아침 각성(예, 평소보다 적어도 2시간 이른 시간에 잠이 깸), ④ 뚜렷한 정신운동 초조 또는 지체, ⑤ 심각한 식욕부진증 또는 체중 감소, ⑥ 과도한 또는 부적절한 죄의식). "멜랑콜리아 양상 동반" 명시자는 기분 삽화의 가장 최근 유형인 경우에 한해서 현재(또는 가장 최근에 주요우울 삽화

의 진단범주를 완전히 충족시키지 못하는 경우)의 주요우울장애나 제I형 또는 제II형 양극성장애 내의 주요우울 삽화에 적용될 수 있다.

우울장애의 명시자 / 멜랑콜리아 양상 동반 (pp. 64-65)

10 39세 여성이 자신이 근무하는 회사가 폐업을 한 지난해 겨울에 매우 우울해졌지만, 봄이 되자 완전히 정상이 되었다고 보고한다. 그녀는 지난 5년 동안 주요우울장애의 진단범주를 충족시켰을 몇 가지 다른 우울증 삽화를 겪었다고 회상한다(그녀는 계절성이라는 사실을 알지 못함). 다음 중 "주요우울장애, 계절성 동반" 진단에 대한 이 환자의 적합성을 올바르게 요약한 것은?

A. 이 진단에 적합하지 않다. 삽화는 가을에 시작되어야 하고, 이 환자는 계절성 패턴이 없는 삽화를 가지고 있지 않은 것이 확실하기 때문이다.

B. 이 진단에 적합하지 않다. 기술된 단일 삽화가 겨울에 시작되어 봄에 끝났기 때문이다.

C. 이 진단에 적합하지 않다. 이 환자는 지난 2년간 계절성 관계 동반 삽화 2가지가 확실히 있었고, 이 기간에 비계절성 삽화는 없었기 때문이다.

D. 이 진단에 적합하다. 기술된 증상들이 심리사회적 스트레스 요인들과 관련이 있기 때문이다.

E. 이 진단에 적합하다. 이러한 증상들은 제I형 또는 제II형 양극성장애와 관련이 없기 때문이다.

정답 C. 이 진단에 적합하지 않다. 이 환자는 지난 2년간 계절성 관계 동반 삽화 2가지가 확실히 있었고, 이 기간에 비계절성 삽화는 없었기 때문이다.

해설 "계절성 동반" 명시자를 붙이려면, 주요우울장애나 제I형 또는 제II형 양극성장애의 주요우울 삽화의 발병과 1년 중 특정 시간(예, 가을 또는 겨울) 사이의 정기적 · 일시적 관계가 필수적으로 요구된다. 이 진단에서는 계절 관련 심리사회적 스트레스 요인들(예, 매년 겨울철마다 정기적으로 실직 상태가 되는 것)의 명백한 영향이 있는 경우는 배제된다. 완전관해(또는 주요우울증으로부터 조증 또는 경조증으로의 변화) 역시 1년 중 특징적인 시간에 발생한다(예, 봄에는 우울증이 사라짐). 과거 2년에 있어서, 위에서 정의된 일시적인 계절적 관계를 나타내는 2가지 MDE가 발생했어야 한다. 그리고 동일 기간에 발생한 비계절성 MDE가 없어야 한다. 계절성 MDE는 개인의 평생에 걸쳐 발생했을 수 있는 비계절성 MDE의 수를 반드시 초과해서 나타나야 한다. "계절성 동반" 명시자는 제I형 양극성장애, 제II형 양극성장애, 또는 주요우울장애, 재발성에 있어서 MDE의 패턴에 적용될 수 있다.

우울장애의 명시자 / 계절성 동반 (pp. 66-68)

11 다음 중 미국 내 주요우울장애의 유병률에 관한 진술로 옳은 것은?

A. 12개월 유병률은 17%다.
B. 여성과 남성의 유병률은 모든 연령층에서 동일하다.
C. 여성이 모든 연령층에서 유병률이 더 높다.
D. 18~29세의 유병률은 60대보다 3배 더 높다.
E. 60대의 유병률은 18~29세보다 3배 더 높다.

정답 D. 18~29세의 유병률은 60대보다 3배 더 높다.

해설 미국 내에서 주요우울장애의 12개월 유병률은 7%로, 연령층에 따라 뚜렷한 차이가 있다. 즉, 18~29세 사람들의 유병률은 60세 또는 그 이상의 연령층보다 3배 더 높다. 여성들은 청소년 초기에 시작되는 남성들보다 1.5~3배 더 많이 겪는다.

주요우울장애 / 유병률 (p. 33)

12 다음 중 주요우울장애(MDD)의 유전 가능성에 관한 진술로 옳은 것은?

A. 유전적 소질이 있는 사람들의 거의 100%는 독단주의 성격 특질에 의해 설명될 수 있다.
B. 유전 가능성은 대략 40%이고, 신경증적 경향성 성격 특질은 유전적 소질의 상당 부분을 설명한다.
C. 유전적 소질이 있는 사람들의 10% 미만은 완벽주의 성격 특질에 의해 설명될 수 있다.
D. 유전적 소질이 있는 사람들의 거의 50%는 공격적인 성격 특질에 의해 설명될 수 있다.
E. MDD의 유전 가능성은 개인의 어머니 또는 아버지에게 MDD가 있는지의 여부에 달려 있다.

정답 B. 유전 가능성은 대략 40%이고, 신경증적 경향성 성격 특질은 유전적 소질의 상당 부분을 설명한다.

해설 주요우울장애가 있는 사람들의 일차 가족구성원들의 주요우울장애의 위험성은 일반 인구보다 2~4배 더 높다. 상대적인 위험성은 조기 발병 및 재발성 형태에 있어서 더 높은 것으로 보인다. 유전 가능성은 대략 40%이고, 신경증적 경향성neuroticism 성격 특질은 유전적 소질의 상당 부분을 설명한다. 신경증적 경향성(부정적 정동성)은 주요우울장애 발병에 대한 잘 설정된 위험 요인이다. 높은 수준의 신경증적 경향성은 사람들로 하여금 스트레스가 많은 생활사건으로 인해 우울 삽화를 더 잘 발달시키는 경향이 있다.

주요우울장애 / 위험 및 예후 요인 (p. 35)

13 다음 중 주요우울장애(MDD)의 진단적 표지자에 관한 진술로 옳은 것은?

A. MDD의 진단도구로 사용될 수 있을 만큼 충분히 민감하고, 명확한 결과를 산출하는 검사실 검사는 없었다.

B. 몇몇 진단적 검사실 검사는 존재하나, 영리 기업들은 대중에게 제공하지 않을 것이다.

C. 진단적 검사실 검사는 피검자들이 MDD 양성으로 판명되는 것에 대한 공포로 인해 시행되지 않고 있다.

D. 현존하는 검사들은 진단적으로는 적절하나, 건강보험의 혜택을 받을 수 없다.

E. 기능적 자기공명영상functional magnetic resonance imaging(fMRI)만이 MDD에 대한 진단의 신뢰성을 제공한다.

정답 A. MDD의 진단도구로 사용될 수 있을 만큼 충분히 민감하고, 명확한 결과를 산출하는 검사실 검사는 없었다.

해설 광범위한 문헌들이 MDD의 신경해부학적 · 신경내분비학적 · 신경생리학적 상관관계를 설명하고 있지만, 이 장애를 위한 진단도구로 사용되기에 충분할 정도의 민감하고 구체적인 성과를 거둔 검사실 검사는 없었다. 최근까지 시상하부-뇌하수체-부신 축 과잉행동의 주요우울 삽화와 연관된 비정상성에 대한 매우 광범위한 연구가 진행되었는데, 이는 멜랑콜리아, 정신병적 양상, 그리고 궁극적인 자살 위험과 연관된 것으로 보인다. 분자연구 역시 신경영양 요인들과 염증사이토카인pro-inflammatory cytokines[*역자 주. 염증전구물질]을 비롯한 주변 요인들이 연관성이 있음을 보여주었다. 추가로, fMRI 연구를 통해 주요우울증이 있는 성인들의 정서 처리과정, 보상 탐색, 그리고 정서 조절 기능을 지원하는 특정 신경계에 있어서 기능상의 비정상성에 대한 증거가 마련되었다.

주요우울장애 / 진단을 뒷받침하는 부수적 특징 (pp. 32-33)

14 다음 중 주요우울장애(MDD)에서 자살 위험과 자살률에 있어서의 성별 차이에 관한 진술로 옳은 것은?

A. 자살 시도와 완수 위험은 여성이 더 높다.
B. 자살 시도와 완수 위험은 남성이 더 높다.
C. 자살 시도와 완수 위험은 남성과 여성이 동일하다.
D. 성별에 따른 자살률의 차이는 일반 인구에 있어서보다 MDD가 있는 사람들이 월등히 높다.
E. 자살시도의 위험은 여성이 더 높지만, 자살완수의 위험은 더 낮다.

정답 E. 자살시도의 위험은 여성이 더 높지만, 자살완수의 위험은 더 낮다.

해설 여성의 자살시도의 위험은 더 높지만, 자살완수의 위험은 더 낮다. 성별에 따른 자살률은 대체로 일반 인구에서와 우울장애가 있는 사람들 사이에서는 큰 차이가 없다.

주요우울장애 / 성별과 관련된 진단적 쟁점 (p. 36)

15 12세 남자아이에게 상황에 비해 지나친 정도의 새로운 분노발작 삽화가 발현되었다. 다음 중 이 환자에 대해 내려질 가능성이 없는 진단은?

A. 파괴적 기분조절부전장애
B. 양극성장애
C. 적대적 반항장애
D. 품행장애
E. 주의력결핍 과잉행동장애

정답 A. 파괴적 기분조절부전장애

해설 파괴적 기분조절부전장애의 진단범주 G와 H에는 발병 시점의 생활연령이 적어도 6세(또는 이에 준하는 발달 수준)이고, 발병은 10세 이전이어야 한다고 제시되어 있다.

파괴적 기분조절부전장애 / 진단기준 (pp. 18-19)

16 다음 중 파괴적 기분조절부전장애(DMDD)와 아동의 양극성장애를 구별하는 특징은?

A. 발병연령

B. 아동의 성별

C. 과민성

D. 만성

E. 심각도

정답 D. 만성

해설 DMDD의 핵심적인 특징은 만성, 고도, 지속성 과민성이다. 이러한 고도의 과민성에는 2가지 두드러지는 임상상이 나타나는데, 첫 번째 것이 잦은 분노발작이다. 이러한 분노발작은 전형적으로 좌절에 대한 반응으로 나타나고, 언어적 또는 행동으로 표출된다(후자는 재산, 자기 자신, 또는 타인들에 대한 공격행동의 형태를 띰). DMDD의 임상적 증거는 다른, 관련된 상태들, 특히 소아 양극성장애의 증거와 조심스럽게 구별되어야 한다. DMDD는 고전적인(예, 삽화성) 양극성장애 증상을 보이는 아동들과 비교할 때, 만성, 지속성 과민성을 나타내는 아동들에 대한 적절한 분류와 치료에 대한 상당한 우려를 나타내기 위해 DSM-5에 추가되었다.

DSM-5에 있어서 양극성장애라는 용어는 양극성 증상의 삽화성 증거에 대해 적용된다. DSM-IV에는 특징적 증상이 매우 심한, 비삽화성 과민성으로 구성되어 있는 아동·청소년들을 끌어들일 수 있도록 고안된 진단이 없었던 반면, DSM-5에는 DMDD를 포함시킴으로써 이러한 증거들에 대한 명백히 구분되는 진단범주가 마련되었다.

파괴적 기분조절부전장애 / 진단적 특징 (pp. 19-20)

17 다음 중 파괴적 기분조절부전장애가 있는 아동이 성인기에 발달시킬 가능성이 가장 높은 장애는?

A. 제I형 양극성장애

B. 조현병

C. 제II형 양극성장애

D. 경계성 성격장애

E. 단극성 우울장애

정답 E. 단극성 우울장애

해설 고도의 만성 과민성이 있는 아동들의 대략 50%는 1년 후 이 질환의 진단범주를 계속해서 충족시킬 것이다. 고도의 비삽화성 과민성에서 양극성장애로의 전환률은 매우 낮다. 대신, 만성 과민성이 있는 아동들은 성인기에 단극성 우울 및/또는 불안장애를 발달시킬 위험이 높다.

파괴적 기분조절부전장애 / 발달과 경과 (p. 21)

18 과민한 8세 아동은 가정과 학교에서 분노발작 과거력이 있다. 이 아동이 파괴적 기분조절부전장애로 진단되기 위해 반드시 추가적으로 발현되어야 할 특징적인 기분 양상은?

A. 분노발작 사이에 아동의 기분은 전형적으로 안정적이다.

B. 분노발작 사이에 아동의 기분은 전형적으로 경조증이다.

C. 분노발작 사이에 아동의 기분은 전형적으로 우울하다.

D. 분노발작 사이에 아동의 기분은 전형적으로 과민하거나 분노 상태다.

E. 기분 증상과 분노발작은 6개월 이상 지속되지 않아야 한다.

정답 D. 분노발작 사이에 아동의 기분은 전형적으로 과민하거나 분노 상태다.

해설 파괴적 기분조절부전장애의 진단기준 D에서는 분노발작 사이의 아동의 기분이 지속적으로 과민하거나 거의 매일, 하루 대부분의 시간에 화가 나 있어야 하며, 다른 사람들(예, 부모, 교사, 또래)에 의해 관찰될 수 있어야 한다는 필수요건이 명시되어 있다.

파괴적 기분조절부전장애 / 진단기준 (pp. 18–19)

19 파괴적 기분조절부전장애(DMDD)가 있는 아동이 흔히 충족시키는 진단범주를 포함하고 있는 DSM-5 진단은?

A. 소아 양극성장애
B. 적대적 반항장애
C. 조현병
D. 간헐적 폭발장애
E. 주요우울장애

정답 B. 적대적 반항장애

해설 만성적으로 과민한 아동과 청소년들은 전형적으로 복합적인 과거력이 있기 때문에 DMDD 진단은 다수의 다른 질환의 발현 또는 결여 상태를 고려해서 내려져야 한다. DMDD의 양극성장애 및 적대적 반항장애와의 감별진단은 신중해야 한다. 전자, 즉 DMDD는 만성이라는 점에서 양극성장애와 다른 반면, 후자는 삽화성이다. DMDD는 매우 심각한 과민성이 요구되지만, 적대적 반항장애는 그렇지 않다는 점에서 차이가 있다. 이러한 이유로, DMDD의 진단범주를 충족시키는 아동의 대부분이 적대적 반항장애의 진단범주도 충족시키게 되는 반면, 그 반대의 경우는 없다.

파괴적 기분조절부전장애 / 감별진단 (pp. 23-25)

20 파괴적 기분조절부전장애(DMDD)의 진단기준에는 6세 이전 또는 18세 이후에 처음으로 진단되지 않아야 한다고 명시되어 있다(진단기준 G). 다음 중 이러한 연령 범위 제한의 근거가 가장 잘 기술된 것은?

A. 이 진단의 타당도는 7~18세 연령집단에 한해서 설정되어 있다.
B. 이러한 제한은 DMDD와 양극성장애를 감별하기 위한 시도다.
C. 이러한 제한은 기존의 유전적 자료에 기초한 것이다.
D. 이러한 제한은 DMDD와 간헐적 폭발장애를 감별하기 위한 시도다.
E. 이러한 제한은 DMDD와 자폐스펙트럼장애를 감별하기 위한 시도다.

정답 A. 이 진단의 타당도는 7~18세 연령집단에 한해서 설정되어 있다.

해설 정의에 의하면, (과거력 또는 관찰에 의한) DMDD의 발병은 10세 이전이어야 하고(진단기준 H), 이 진단이 6세 미만의 발달연령에 속하는 아동들에게는 적용되어서는 안 된다. 이 상태가 이렇게 연령으로 구분되는 방식으로만 발현되는지의 여부는 알려지지 않았다. DMDD의 증상은 아동이 성숙해 감에 따라 변할 수 있으므로, 이 진단은 타당도가 설정된 집단(7~18세)과 유사한 연령층에 한해서 적용되어야 한다. 고도의 만성 과민성이 있는 아동들의 대략 50%는 1년 후 이 질환의 진단범주를 계속해서 충족시킬 것이다. 고도의 비삽화성 과민성에서 양극성장애로의 전환률은 매우 낮다. 대신, 만성 과민성이 있는 아동들은 성인기에 단극성 우울 및/또는 불안장애를 발달시킬 위험이 높다.

파괴적 기분조절부전장애 / 발달과 경과 (p. 21)

21 9세 남자아이가 학교 공부에 좌절될 때의 분노발작 때문에 평가를 받기 위해 클리닉에 오게 됐다. 부모에 의하면, 이 아이는 다른 때는 잘 행동하고 즐거운 시간을 보낸다. 이러한 임상상에 가장 적합한 진단은?

A. 파괴적 기분조절부전장애
B. 소아 양극성장애
C. 간헐적 폭발장애
D. 주요우울장애
E. 지속성 우울장애(기분저하증)

정답 C. 간헐적 폭발장애

해설 간헐적 폭발장애가 있는 아동들은 파괴적 기분조절부전장애가 있는 아동들과 마찬가지로 심한 분노발작의 사례들이 나타난다. 그러나 파괴적 기분조절부전장애가 있는 아동들과는 달리 간헐적 폭발장애가 있는 아동들은 분노발작 사이에 지속적인 기분 파탄을 나타내지 않는다. 따라서 이 2가지 진단은 상호 배타적이고 동일한 아동에 대해 내려질 수 없다. 분노발작과 그 사이에 발생하는 지속성 과민성이 있는 아동들에 대해서는 파괴적 기분조절부전장애 진단을 내려서는 안 된다. 분노발작은 있지만 이러한 과민성은 없는 아동들에 대해서는 간헐성 폭발장애 진단이 내려져야 한다.

파괴적 기분조절부전장애 / 감별진단 (pp. 23-25)

22 14세 남자아이가 지난 1년 내내 우울하게 지냈다고 호소한다. 그는 여름 4주간 캠프에 참여한 기간에는 기분이 나아졌다고 기억하고 있다. 그러나 집에 돌아오자, 우울 기분이 다시 찾아왔다. 그는 집중력 저하, 무망감, 낮은 자존

감을 보고하지만, 자살사고 또는 식욕이나 수면 변화는 없다고 한다. 이 사례에 가장 적절한 진단은?

A. 주요우울장애

B. 파괴적 기분조절부전장애

C. 단기 경조증 동반 우울 삽화

D. 지속성 우울장애(기분저하증), 조기 발병 동반

E. 조현정동장애

정답 D. 지속성 우울장애(기분저하증), 조기 발병 동반

해설 지속성 우울장애(기분저하증)의 필수적인 특징은 하루의 대부분의 시간, 증상이 나타나지 않는 날보다 나타나는 날이 더 많은, 적어도 2년간, 또는 아동 · 청소년들의 경우는 1년간 나타나는 우울 기분이다(진단기준 A). 이 장애는 DSM-IV에서 정의된 만성 주요우울장애와 기분부전장애가 합쳐진 것이다. 주요우울증은 지속성 우울장애보다 먼저 온다. 그리고 주요우울 삽화는 지속성 우울장애 기간에 발생한다. 이러한 증상들이 2년간 주요우울장애의 진단범주를 충족시키는 사람들에게는 주요우울장애뿐 아니라 지속성 우울장애 진단이 내려져야 한다.

지속성 우울장애가 있는 사람들은 자신의 기분이 슬프거나 "의기소침한 상태"에 있다고 호소한다. 우울 기분의 기간에 진단기준 B의 6가지 증상 가운데 2가지가 발현되었다. 이러한 증상들은 개인의 매일의 경험의 일부가 되었기 때문에, 특히 조기 발병 사례(예, 저는 항상 이래 왔어요.)에서는 개인이 직접적으로 영향을 받지 않는다면 보고되지 않을 수 있다. 2년(아동 또는 청소년들은 1년) 동안 증상이 없는 간격이 2개월 이상 지속되지 않아야 한다(진단기준 C).

지속성 우울장애(기분저하증) / 진단적 특징 (p. 40)

23 30세 여성이 2년간 모든 활동에서의 즐거움 상실, 죽는 것이 나을 거라는 사고 되새김, 자신이 행한 "나쁜 짓"에 대한 죄책감, 그리고 의사결정에 대한 무능력으로 인해 퇴직에 대한 생각 때문에 지속적으로 우울 기분이 있었다고 보고한다. 그녀는 우울증 치료를 받은 적은 한 번도 없었지만, 때로 입원해야 하지 않을까 하는 생각으로 고통스러워한다. 그녀는 수면 욕구는 높아졌지만, 낮시간 동안 피로를 느끼고 있다. 또한 과식으로 인해 체중이 12kg 증가하였다. 그녀는 약물 또는 알코올 사용은 하지 않는다고 한다. 그리고 그녀에 대한 검사실 비타민 검사를 비롯한 의학적 정밀검사 결과는 완전히 정상이었다. 지

난 몇 주 동안 기분 악화로 인해 진찰이 실시되었다. 이 사례에 가장 적절한 진단은?

A. 주요우울장애(MDD)

B. 지속성 우울장애(기분저하증), 지속성 주요 우울 삽화 동반

C. 순환기분장애cyclothymia

D. 제II형 양극성장애

E. MDD, 멜랑콜리아 양상 동반

정답 B. 지속성 우울장애(기분저하증), 지속성 주요 우울 삽화 동반

해설 지속성 우울장애(기분저하증)의 필수적인 특징은 적어도 2년 동안, 증상이 없는 날보다 있는 날이 더 많고, 하루의 대부분 시간 동안 발생하는 우울 기분이다. 이 장애는 DSM-IV에서 정의된 만성 주요우울장애와 기분부전장애가 합쳐진 것이다. 주요우울증은 지속성 우울장애보다 먼저 온다. 그리고 주요우울 삽화는 지속성 우울장애 기간에 발생한다. 이러한 증상들이 2년간 주요우울장애의 진단범주를 충족시키는 사람들에게는 주요우울장애뿐 아니라 지속성 우울장애 진단이 내려져야 한다.

만일 2년 또는 그 이상의 기간에 지속성 우울 삽화의 진단범주를 충족시키는 우울 기분과 2가지 또는 그 이상의 증상이 있다면, 지속성 우울장애 진단이 내려진다. 이 진단은 2년이라는 기간에 달려 있는데, 이는 2년간 지속되지 않는 우울증 삽화와 구분된다. 만일 증상 범주가 이 기간에 언제라도 주요우울 삽화 진단에 충분하다면, 주요우울증 진단이 내려져야 한다. 그렇지만 분리된 진단이 아니라 지속성 우울장애 진단과 함께 명시자 부호가 기입된다. 만일 개인의 증상이 현재 주요우울 삽화의 진단범주를 완전히 충족시킨다면, "간헐적 주요우울 삽화 동반, 현재 삽화 동반" 명시자가 적용될 것이다. 만일—위의 사례에서 기술된 환자의 경우처럼—주요우울 삽화는 적어도 2년간 지속되었고 현재도 남아 있다면, "지속성 주요우울 삽화 동반" 명시자가 사용된다.

주요우울 삽화의 완전한 진단범주는 현재 충족되지 않지만 적어도 2년간의 지속성 우울 증상의 상황에서 적어도 종전의 주요우울증 삽화 한 가지가 있는 경우에는 "간헐적 주요우울 삽화, 현재 삽화 없음" 명시자가 사용된다. 만일 개인이 지난 2년 동안 주요우울증 삽화를 경험하지 않았다면 "순수한 기분저하 증후군 동반" 명시자가 사용된다.

지속성 우울장애(기분저하증) / 진단기준 (pp. 38-40); 진단적 특징 (p. 40); 감별진단 (주요우울장애) (pp. 37-38)

24 다발성 경화증multiple sclerosis이 있는 45세 여성은 1년 전 인터페론 베타-1a로 치료를 받은 후 신체적 증상들이 사라졌다. 그녀는 현재 우울 기분(지난 수개월간 매일 겪고 있음), 중간 불면증(최근 발병), 식욕부진, 집중곤란, 그리고 성행위에 대한 흥미 감소를 나타내고 있다. 그녀는 신체적 증상은 없지만, 자주 결근하고 있다. 그녀는 어떤 적극적인 자살계획도 하지 않고 있다고 하지만, 기분이 악화되면 자주 생각하게 된다는 사실을 인정한다. 이 사례에 가장 적절한 진단은?

A. 주요우울장애

B. 지속성 우울장애(기분저하증)

C. 다른 의학적 상태로 인한 우울장애

D. 물질/약물치료로 유발된 우울장애

E. 지속성 우울장애(기분저하증) 및 다발성 경화증

정답 C. 다른 의학적 상태로 인한 우울장애

해설 다른 의학적 상태로 인한 우울장애의 필수적인 특징은 현저하고 지속적인 우울 기분, 그리고 임상상에 있어서 두드러지고 다른 의학적 상태의 직접적인 생리적 영향과 관련 있다고 생각되는 모든 또는 거의 모든 활동에 있어서 흥미 또는 즐거움의 뚜렷한 감소다. 기분장해가 다른 의학적 상태로 인한 것인지의 여부를 결정하는 데 있어서, 임상가는 우선 이러한 상태의 발현 여부를 확정해야 한다. 더 나아가서, 임상가는 기분장해가 병인학적으로 생리적 메커니즘을 통해 다른 의학적 상태와 관련이 있는지를 확정해야 한다. 이러한 판단을 하기 위해서는 다수의 요인에 대한 주의 깊은 포괄적 평가가 요구된다.

다른 의학적 상태로 인한 우울장애 / 진단적 특징 (p. 58)

25 최근에 베이징으로부터 미국에 도착한 18세 여대생이 산부인과 의사에게 자신의 과민성, 룸메이트와의 문제, 식욕 증가, 부어오른 느낌, 그리고 월경 시작 3~4일 전의 우울감을 호소한다. 그녀는 이러한 증상들이 12세 되던 해 초경을 경험한 이래 줄곧 지속되었다고 보고한다(그렇지만 기분일지는 한 번도 기록한 적은 없음). 산부인과 의사는 자신이 아직 새로운 DSM-5 진단기준에 익숙하지 않기 때문에 올바른 진단을 위한 진찰을 요청한다. 당신의 반응은?

A. 이 환자는 월경전불쾌감장애의 진단범주를 충족시키지 못하기 때문에 월경전증후군이 있는 것으로 진단된다.
B. 이 환자는 월경전불쾌감장애의 잠정적 진단에 적합하다. 그러나 이 진단은 DSM-5에는 존재하지 않는다.
C. 이 환자는 월경전불쾌감장애의 잠정적 진단에 적합하다.
D. 만일 월경전불쾌감장애 진단이 아시아 여성들에게도 타당하다면, 이 환자는 월경전불쾌감장애의 잠정적 진단에 적합하다.
E. 이 환자는 DSM-5 진단에 해당되지 않는다.

정답 C. 이 환자는 월경전불쾌감장애의 잠정적 진단에 적합하다.

해설 월경전불쾌감장애는 문화 지향적 증후군이 아니고 미국, 유럽, 인도, 그리고 아시아 사람들에게서 관찰되어 왔다. 인종에 따라 발병률이 다른지의 여부에 관해서는 불확실하다. 월경전불쾌감장애의 필수적인 특징은 월경주기의 월경 전 국면 동안 기분 불안정, 과민성, 불쾌감, 그리고 불안 증상이 반복적으로 발생했다가 월경을 시작할 무렵 또는 시작 직후에 관해되는 것이다. 이러한 증상들은 행동 및 신체 증상들을 동반한다. 증상은 지난 1년 동안 대부분의 월경주기에서 발생했어야 하고, 직업적 또는 사회적 기능에 악영향을 미쳐야 한다.

전형적으로, 증상들은 월경 시작 무렵에 절정을 이룬다. 핵심적인 증상에는 기분 및 불안 증상이 포함되는 반면, 행동 및 신체 증상들 역시 흔히 발생한다. 잠정적 진단을 확정 짓기 위해서는 적어도 2회의 증상주기 동안 일일예상증상평가daily prospective symptom ratings가 필수적으로 요구된다.

월경전불쾌감장애 / 진단적 특징; 문화와 관련된 진단적 쟁점 (pp. 45-47)

26 월경전불쾌감장애의 확진을 위한 적절한 방법은?

A. 검사실 검사
B. 가족력
C. 신경심리적 검사
D. 타당화된 척도Daily Rating of Severity of Problems에 의한 2개월 또는 그 이상의 향후 증상 평가
E. 일일 문제심각도 평가척도 상의 점수가 높은 1개월 또는 월경 전 기분 증

상에 대한 시각 상사 척도Visual Analogue Scales for Premenstrual Mood Symtoms상의 점수가 높은 1개월

정답 D. 타당화된 척도에 의한 2개월 또는 그 이상의 향후 증상 평가

해설 월경전불쾌감장애의 진단은 2개월간의 향후 증상 평가에 의해 적절하게 확정된다. (주: 진단은 확정 이전에 잠정적으로 내려질 수 있다.) 여러 척도(예, 일일 문제심각도 척도, 월경 전 기분 증상에 대한 시각 상사 척도)가 타당화 과정을 거쳤고, 월경전불쾌감장애의 임상실험에 자주 사용되고 있다. 월경전 긴장증후군 평가척도Premenstrual Tension Syndrome Rating Scale는 자기보고식과 관찰자 보고식이 있는데, 둘 다 타당화되었고, 월경전불쾌감장애가 있는 여성들의 질병 심각도 평가에 널리 사용되고 있다.

월경전불쾌감장애 / 진단적 표지자 (p. 47)

27 29세 여성이 매우 고통스러운 월경이 예견되는 것으로 인해 매월 우울하다고 호소한다. 통증은 월경 시작과 함께 시작되고, 수일간 지속된다. 그녀는 1개월 중 다른 시간은 통증이 없다. 그녀는 다양한 치료법을 시도해 보았지만, 아무 소용이 없었다. 이 사례에 적절한 진단은?

A. 월경전불쾌감장애

B. 월경전증후군

C. 월경통

D. 허위성장애

E. 지속성 우울장애(기분저하증)

정답 C. 월경통

해설 월경통dysmenorrhea은 고통스러운 월경증후군이지만, 정동 변화가 특징인 증후군과는 구분된다. 월경통 증상은 초경과 함께 시작되는 반면, 정의에 의하면 월경전불쾌감장애의 증상은 초경 이전에 시작되며, 월경의 첫 며칠간 지속된다.

월경전불쾌감장애 / 감별진단 (pp. 47–48)

28 다음 중 월경전불쾌감장애의 진단범주를 충족시키기 위해 여성에게 반드시 나타나야 하는 증상은?

A. 뚜렷한 정서적 적응성
B. 일상적인 활동에의 흥미 감소
C. 유방압통breast tenderness 같은 신체적 증상
D. 뚜렷한 식욕 변화
E. 압도 또는 통제 불능감

정답 A. 뚜렷한 정서적 적응성

해설 월경전불쾌감장애의 진단범주에 있는 11가지 증상 중, 환자는 최소한 총 5가지 증상이 있어야 한다. 5가지 중 1가지는 반드시 다음의 증상들 중의 하나여야 한다 (① 뚜렷한 정서적 적응성, ② 뚜렷한 과민성이나 분노 또는 대인 간 갈등 증가, ③ 뚜렷한 우울 기분, 무망감, 또는 자기비하적 사고, ④ 뚜렷한 불안, 긴장 상태 및/또는 긴장감 또는 신경이 곤두서 있는 느낌).

월경전불쾌감장애 / 진단기준 (pp. 43-44)

29 23세 여성이 월경주기 때마다 유방팽창, 고창증bloating, 과다수면증, 단 음식에 대한 갈망, 집중력 저하, 그리고 자신의 정상적인 책임완수 불능감을 겪는다고 보고한다. 그녀는 또한 자신이 정서적으로 다소 민감해지고, 슬픈 이야기를 들을 때 눈물을 흘리게 된다고 한다. 그녀는 경구 치료약물은 복용하지 않고 있지만, 드로스피레논/에티닐 에스트라디올 패치drospirenone/ethinyl estradiol patch를 사용하고 있다. 이 임상상에 가장 적합한 진단은?

A. 월경전불쾌감장애(PMDD)
B. 기분저하증
C. 월경통
D. 월경전증후군
E. 물질/약물치료로 유발된 우울장애

정답 D. 월경전증후군

해설 월경전증후군premenstrual syndrome은 최소한 5가지 증상을 필수로 요구하지 않고, 월경전증후군으로 고통을 겪고 있는 사람들에 대해 정동 증상에 대한 조항이 없다는 점에서 다르다. 이러한 상태는 PMDD보다 더 흔할 수 있지만, 월경전증후군의 추산되는 유병률은 상황에 따라 다르다. 월경전증후군은 월경주기에 있어서 월경 전 국면에는

PMDD와 증상 발현의 양상이 중첩되지만, 이는 일반적으로 PMDD보다 덜 심한 것으로 간주된다. 월경 전에 신체적 또는 행동적 증상들을 겪는 사람들은 필수적으로 요구되는 정동 증상이 없어도 월경전증후군의 진단범주를 충족시킬 가능성이 있지만 PMDD는 아니다.

월경전불쾌감장애 / 감별진단 (pp. 47-48)

30 기분 증상 과거력이 없는 31세 여성이 월경을 시작하기 약 4일 전에 시작되는 기분 불안정과 과민성으로 고통을 당하고 있다고 보고한다. 그녀는 "벼랑 끝에 서 있는" 느낌이 들고, 집중할 수 없으며, 어떤 활동을 해도 거의 즐거움을 느끼지 못하고, 자신의 유방이 부풀어 오르는 느낌이 든다고 보고한다. 이 환자는 이러한 증상들이 6개월 전에 처음으로 경구 피임약을 복용하기 시작한 때에 시작되었다고 보고한다. 만일 그녀가 경구 피임약 복용을 중단해서 증상이 사라진다면, 이 사례에 적합한 진단은?

A. 월경전불쾌감장애

B. 기분저하증

C. 주요우울 삽화

D. 물질/약물치료로 유발된 우울장애

E. 월경전증후군

정답 D. 물질/약물치료로 유발된 우울장애

해설 만일 이 여성이 호르몬 복용을 중지하고 증상이 사라진다면, 이는 물질/약물치료로 유발된 우울장애와 일치된다. 중등도에서 고도의 월경 전 증상을 나타내는 일부 여성의 경우 호르몬 피임약을 사용하고 있을 수 있다. 만일 이러한 증상들이 외인성[exogenous] 호르몬을 사용하게 되면서 발생한다면, 월경전불쾌감장애의 근본적인 상태보다는 호르몬 사용에 의한 것일 수 있다.

월경전불쾌감장애 / 감별진단 (pp. 47-48)

31 45세 남성이 최고도 갑상선기능저하증으로 병원에 입원하였다. 그는 우울 상태에 있지만, 인턴이 내린 진단인 주요우울장애(MDD)의 진단범주에는 완전히 부합되지 않는다. 이 환자는 이전에 기분장애 과거력은 없다. 그리고 모든

우울 증상은 일시적으로 갑상선기능저하증과 연관된 것이다. 이러한 정보를 기초로, 진단을 다른 의학적 상태로 인한 우울장애로 변경하고 MDD의 진단 범주에 완전히 부합되지 않음을 나타내는 명시자를 기입하기로 결정하는 경우, 이 진단의 완전한 기록방법은?

A. DSM-5의 축 III에 갑상선기능저하증의 부호를 기록한다.

B. DSM-5에는 특별한 부호화 절차가 없다.

C. 갑상선기능저하증은 DSM-5 진단에서는 "다른 의학적 상태"라는 명칭으로 기록된다.

D. DSM-5에서 의학적 장애는 정신장애 진단의 일부로 부호화되지 않는다.

E. 이러한 쟁점을 다루기 위해 DSM-5의 개정이 계획되어 있다.

정답 C. 갑상선기능저하증은 DSM-5 진단에서는 "다른 의학적 상태"라는 명칭으로 기록된다.

해설 다른 의학적 상태로 인한 우울장애 진단의 기록에 있어서, 다른 의학적 상태의 명칭은 정신장애 진단에 삽입된다(예, "갑상선기능저하증으로 인한 우울장애"). 추가로, 다른 의학적 상태는 부호를 반드시 기입하되, 의학적 상태로 인한 우울장애 바로 앞에 분리해서 기재하여야 한다. 이 사례의 경우는 "244.9 [E03.9] 갑상선기능저하증; 293.83 [F06.31] 갑상선기능저하증으로 인한 우울장애, 우울 양상 동반"으로 기입될 것이다("우울 양상 동반" 명시자는 주요우울 삽화의 진단범주에 완전히 부합되지 않음을 의미함). DSM-5에는 더 이상 축 III이 존재하지 않는다.

다른 의학적 상태로 인한 우울장애 / 진단기준 (pp. 57-58)

찾아보기

DSM-5 171
DSM-IV 171
DSM-5 Selections 5
DSM-5 Selections 시리즈 6
DSM-5 가이드북 Guidebook 5
DSM-5 임상사례집 Clinical Cases 5
DSM-5 확인문제 6

ICD-10-CM 51
ICD-9-CM 51

REM수면 행동장애 137

간헐적 폭발장애 25, 185
감별진단 23, 37, 42, 47, 55, 60
갑상선기능검사 thyroid function tests 116
갑상선기능저하증 58
경과의 변경인자 35, 46, 54
경구 피임약 53, 54
경도 12, 63
계절성 동반 29, 66
계절성 동반 명시자 178
고도 12, 63
과민성 irritability 19, 23, 105
구아네티딘 guanethidine 54
국립역학조사 National Epidemiologic Survey on Alcohol and Related Conditions 114
금단 55
금연약물 54
기록절차 44, 51
기분 파탄 25
기분 mood 72
기분과 일치하는 정신병적 양상 동반 28
기분과 일치하지 않는 정신병적 양상 동반 29
기분부전장애 dysthymic disorder 125
기분순환 mood cycling 105
기분장애 mood disorder 71, 72, 171
기분조절부전장애 17

기타 환각제 13
기타(또는 미상의) 물질 13
긴장증 동반 29, 66
끔찍한 두 살배기terrible twos 78

녹내장glaucoma 136
뇌졸중 58

다른 상태로 인한 우울장애 12
다른 의학적 상태로 인한 것이 아닌 우울장애 60
다른 의학적 상태로 인한 기분장애 37
다른 의학적 상태로 인한 우울 또는 양극성 및 관련 장애 43
다른 의학적 상태로 인한 우울장애 17, 56, 57, 92
다른 의학적 상태로 인한 우울장애 진단기준 93
다른 의학적 상태로 인한 우울장애의 기능적 결과 60
다발성 경화증 58
단기 우울 삽화 94
단일 삽화 85
달리 명시된 우울장애 12, 17, 61, 147, 151
달리 명시된 우울장애 및 명시되지 않는 우울장애 94
달리 명시된 우울장애 진단기준 94
동반이환 25, 38, 43, 49, 56, 61

레세르핀reserpine 54
레티노익산 유도체retinoic acid derivatives 54

메틸도파methyldopa 54
메틸페니데이트methylphenidate 102
메틸페니데이트사용장애 52
멜랑콜리아 양상 동반 28, 64, 177
면역학적 약물 52, 54
명시되지 않는 우울장애 12, 17, 62, 95
명시자 177
몬트리올 인지평가Montreal Cognitive Assessment(MoCA) 137
몽족Hmong 152
문화와 관련된 진단적 쟁점 36, 46
물질/약물치료로 유발된 우울 또는 양극성 장애 37, 43
물질/약물치료로 유발된 우울장애 12, 13, 17, 49, 90
물질/약물치료로 유발된 우울장애 진단기준 91
물질중독 55
미상의 물질 51

바레니클린varenicline 54
반복성 단기 우울증 94
발달과 경과 21, 33, 41, 46, 53, 59
배제rule out 113, 117
보상작용 상실decompensation 147
복합적 애도complicated grief 74
부분관해 12
부정적 정동성negative affectivity 35
분노발작temper outbursts 18, 77
분노조절곤란장애temper dysregulation disorder 76
분노폭발temper tantrum 77, 105
불안장애 25
불안증anxious distress 동반 28, 63

비전형적 양상 동반 28
비전형적 우울증 65
빌라조돈vilazodone 141

사별 17, 113
사별 배제bereavement exclusion 10, 73
서트랄린sertraline 116
선택적 세로토닌 재흡수 억제제selective serotonin reuptake inhibitor(SSRI) 빌라조돈 143
성격장애 43
성별과 관련된 진단적 쟁점 22, 36, 59
세계적인 질병에 대한 부담The Global Burden of Disease 71
스테로이드 52, 61
슬픔 38
시누클레인병synucleinopathy 138
신경증적 경향성neuroticism 35, 180
신경퇴행neurodegeneration 138
실감정증alexithymia 83
심혈관 치료약물 54

아편계 13
알코올 13
알파-메틸도파alpha-methyldopa(항고혈압제) 53
알파-인터페론 61
암페타민(또는 기타 자극제) 13
압출언어pressure speech 105, 141
애도grief 28, 173
애통pangs of grief 173
약물치료로 유발된 우울장애 60
양극성장애 23, 48

에스시탈로프람escitalopram 141
에파비렌즈efavirenz 54
엘도파L-dopa 52, 53
염증사이토카인pro-inflammatory cytokines 181
엽산folate 116
완전관해 12
외상성 뇌손상 58
우울 기분 동반 적응장애 37
우울 양상 동반 12
우울신경증depressive neurosis 86
우울장애depressive disorders 8, 17, 71, 176
우울장애 명시자 11
원발성 우울장애 56
월경전불쾌감장애premenstrual dysphoric disorder(PMDD) 12, 17, 18, 43, 89, 101, 129, 189, 190
월경전불쾌감장애 진단기준 89
월경전불쾌감장애의 기능적 결과 47
월경전증후군premenstrual syndrome 47, 191
월경통dysmenorrhea 48, 190
월터 캐시디Walter Cassidy 147
위험 및 예후 요인 21, 35, 41, 46, 54, 59
유병률 20, 33, 41, 45, 53
이소트레티노인isotretinoin 54
이중우울증double depression 86, 126
인터페론interferon 54
일반혈액검사complete blood count 116
일일 문제심각도 기록지Daily Record of Severity of Problems 130

자극제 52
자살 위험 22, 36, 55, 60

자율성 기분장애autonomous mood disorder 113
자폐스펙트럼장애 25
잠정적provisional 44
재발성 삽화 85
적대적 반항장애 24
적응장애 61
전립선암prostate cancer 136
전해질electrolytes 116
정동affect 72
정동장애affective disorders 72
정동질환affective illness 125
정신병적 양상 동반 12, 65
정신병적 장애 42
조울증manic depression 99
조울증 반응manic depressive reaction 72
조증-우울증manic-depressive illness 72
주산기 발병 동반 29, 66, 109
주요우울 삽화 80
주요우울 유사 삽화 동반 12
주요우울장애major depressive disorder(MDD) 10, 12, 17, 25, 26, 42, 48, 85, 99, 108, 112, 117, 121, 142, 177
주요우울장애의 기능적 결과 36
주의력 편향attentional bias 126
주의력결핍 과잉행동장애(ADHD) 25, 37, 102
중등도 12, 63
중등도-고도 63
중추신경계 약물 52
지속성 복합 사별장애persistent complex bereavement disorder 11
지속성 우울장애(기분저하증) 12, 17, 18, 38, 48, 86, 125, 186, 187
지속성 우울장애의 기능적 결과 42
진단을 뒷받침하는 부수적 특징 32, 45, 58
진단적 특징 19, 29, 40, 45, 52, 58
진단적 표지자 47, 55, 60
진정제, 수면제 또는 항불안제 13
질주사고racing thoughts 105

코르티코스테로이드 54
코카인 13
코카인사용장애 51
쿠싱병Cushing's disease 58
쿠에티아핀quetiapine 141
크레아티닌creatinine 116
클로니딘clonidine 54

타목시펜tamoxifen 54
통풍gout 136
트립탄triptans 54

파괴적 기분조절부전장애disruptive mood dysregulation disorder(DMDD) 12, 18, 76, 100, 105
파괴적 기분조절부전장애의 기능적 결과 22
파킨슨병 58, 135
페이그너 기준Feighner criteria 73
펜시클리딘 13
펜시클리딘으로 유발된 우울장애 52
편두통 약물 54
피부과 약물 52

항경련제 54

항바이러스제 54
항생제 52
항우울제 54
항정신병 약물 54
해밀턴 우울증 척도Hamilton Rating Scale for Depression 148
허무주의nihilism 118
헌팅턴병 58
혈액 요소성 질소blood urea nitrogen 116
호르몬 치료 48
호르몬제 54
혼재성 삽화 동반 명시자 175
혼재성 양상 동반 12, 28, 63
화학요법 약물 52
황체 호르몬luteal hormone 130
황체기 불쾌감장애late luteal phase dysphoric disorder 89
흡입제 13

역자 소개

■ **강진령**(Jin-ryung Kang, Ph.D. in Counseling Psychology)

미국 인디애나 대학교 상담심리학 석사(M.S.) · 박사(Ph.D.)
미국 일리노이 주립대학교 임상인턴
미국 플로리다 대학교 초빙교수 역임
현재 경희대학교 교수

[주요 저서]

상담연습: 치료적 의사소통 기술(학지사, 2016)
학교상담과 생활지도: 이론과 실제(학지사, 2015)
상담과 심리치료(개정판, 양서원, 2013)
학교 집단상담(학지사, 2012)
집단과정과 기술(학지사, 2012)
집단상담과 치료(학지사, 2012)
집단상담의 실제(2판, 학지사, 2011)
상담자 윤리(공저, 학지사, 2009)
상담심리 용어사전(양서원, 2008) 외 다수

[주요 역서]

DSM-5 임상사례집(학지사, 2016)
APA 논문작성법(원서 6판, 학지사, 2013)
상담 · 심리치료 실습과 수련감독 전략(학지사, 2010)
간편 정신장애진단통계편람/DSM-IV-TR: Mini-D(학지사, 2008) 외 다수

DSM-5 Selections
우울장애
Depressive Disorders

2017년 2월 10일 1판 1쇄 인쇄
2017년 2월 20일 1판 1쇄 발행

지은이 • APA
옮긴이 • 강진령
펴낸이 • 김진환
펴낸곳 • (주) 학지사
04031 서울특별시 마포구 양화로 15길 20 마인드월드빌딩
대표전화 • 02)330-5114 팩스 • 02)324-2345
등록번호 • 제313-2006-000265호

홈페이지 • http://www.hakjisa.co.kr
페이스북 • https://www.facebook.com/hakjisabook

ISBN 978-89-997-1156-5 94180
978-89-997-1150-3 (set)

정가 16,000원

이 도서의 국립중앙도서관 출판시도서목록(CIP)은 서지정보유통지원시스템 홈페이지(http://seoji.nl.go.kr)와 국가자료공동목록시스템(http://www.nl.go.kr/kolisnet)에서 이용하실 수 있습니다.
(CIP 제어번호: CIP2017002148)